Nach seiner Verlobung mit Charlotte von Lengefeld schrieb Friedrich Schiller Liebesbriefe an sie u n d ihre verheiratete Schwester Caroline, in denen er von einer ménage à trois träumt: »Ach wie schön wird es in Zukunft seyn, wenn alles unter uns gemeinschaftlich seyn wird.« So kam es dann doch nicht, aber auch nach Schillers Heirat konnten sich Besucher durch seine häuslichen Verhältnisse noch eine Weile an die Sage vom Grafen von Gleichen erinnert fühlen, der einträchtig mit zwei Frauen zusammengelebt haben soll. Diese psychologisch spannende Geschichte einer doppelten (oder geteilten) Liebe ist – ganz anders als Goethes unordentliche Leidenschaften – weitgehend unbekannt geblieben: Sie war den um Idealisierung des Dichters bemühten Biographen meist ziemlich peinlich, allen voran Caroline selbst, die in ihrem Buch über »Schillers Leben« fast alle Spuren davon getilgt hat.

Ursula Naumann, geb. 1945, lebt als freie Autorin bei Erlangen. Sie war Mitarbeiterin an der »Schiller-Nationalausgabe«, für die sie einen Band mit Briefen an Schiller herausgegeben hat. Zu ihren Veröffentlichungen gehören *Charlotte von Kalb. Eine Lebensgeschichte* (1761-1843) und *Pribers Paradies. Ein deutscher Utopist in der amerikanischen Wildnis*.

insel taschenbuch 3079
Ursula Naumann
Schiller, Lotte und Line

Ursula Naumann

Schiller, Lotte und Line

Eine klassische Dreiecksgeschichte

Mit zahlreichen Abbildungen

Insel Verlag

insel taschenbuch 3079
Erstausgabe
Erste Auflage 2004
© Insel Verlag Frankfurt am Main und Leipzig 2004

Vertrieb durch den Suhrkamp Taschenbuch Verlag
Umschlag: Elke Dörr
Druck: Memminger MedienCentrum AG
Printed in Germany
ISBN 3-458-34779-8

3 4 5 6 7 8 – 09 08 07 06 05

Inhalt

Anhang

Die Schwestern

Wir Schwestern zwei, wir schönen,
So gleich von Angesicht,
So gleicht kein Ei dem andern,
Kein Stern dem andern nicht.

Wir Schwestern zwei, wir schönen,
Wir haben lichtbraune Haar;
Und flichst du sie in e i n e n Zopf,
man kennt sie nicht fürwahr.

Wir Schwestern zwei, wir schönen,
Wir tragen gleich Gewand,
spazieren auf dem Wiesenplan
Und singen Hand in Hand.

Wir Schwestern zwei, wir schönen,
Wir spinnen um die Wett,
Wir sitzen an e i n e r Kunkel,
Und schlafen in e i n e m Bett.

O Schwestern zwei, ihr schönen!
Wie hat sich das Blättchen gewendt!
Ihr liebet einerlei Liebchen –
Und jetzt hat das Liedel ein End.

EDUARD MÖRIKE

Graf von Gleichen

In Thüringen, nicht weit von Erfurt entfernt, stehen auf drei nebeneinanderliegenden Hügeln drei Burgen, die die »drei Gleichen« genannt werden, obwohl nur eine davon – die Burg Gleichen bei Wandersleben – historisch mit einem Grafengeschlecht dieses Namens verbunden ist. An sie knüpft sich eine Sage, die der Weimarer Schriftsteller Johann Karl August Musäus seinerzeit durch eine graziöse, geistreiche Nacherzählung in den »Volksmärchen der Deutschen« (1782-1786) populär machte.

Einst soll ein Graf von Gleichen auf einem Kreuzzug gegen die Ungläubigen in türkische Sklaverei geraten sein. Melechsala, die schöne Tochter des Sultans, verliebte sich in ihn und war auch bereit, mit ihm zu fliehen, wenn er sie zur Frau nehmen würde. Nun war der Graf aber schon verheiratet und Vater von zwei Kindern, was Melechsala *nach der Sitte ihres Vaterlandes* freilich nicht als ernsthaftes Ehehindernis ansah. *Fräulein Melechsala war eine Morgenländerin, und unter diesem milden Himmel, hat Megäre Eifersucht über die schöne Hälfte der Menschheit weit weniger Gewalt, als über die stärkere, welche sie dagegen auch mit eisernem Zepter regiert. Sie betrachtete die Zärtlichkeit der Männer, als ein teilbares Gut: denn in den sinnreichen Spielen des Serails, hatte sie oft gehört, daß die männliche Zärtlichkeit mit einem Faden Seide war verglichen worden, der sich trennen und teilen läßt, so daß jeder Teil dennoch, für sich, ein Ganzes bleibt.* Der Graf wiederum, den Melechsala und die Freiheit gleichermaßen verlockten, ließ sich durch einen Traum gern davon überzeugen, daß seine thüringische Ehefrau mittlerweile gestorben sei, und begab sich mit Melechsala (und

»Der zwiebeweibte Graf von Gleichen«.
Wandgemälde auf der Feste Wachsenburg

ihrer Hilfe) auf die Flucht. Als er unterwegs in Venedig erfuhr,
daß ihn sein Traum getrogen hatte und seine Frau noch am Leben sei, reiste er mit seiner Gefährtin nach Rom zum Papst weiter, um sich von ihm ausnahmsweise die *Matrimonialanomalie*
einer Ehe zu dritt genehmigen zu lassen. Und siehe, es gelang.
Der Papst, der ganz entzückt war, eine Heidin taufen zu können, war auch nur ein Mann und wurde von ihrer Schönheit
zum Einverständnis hingerissen. Darauf reiste der Graf mit
Melechsala, die nun Angelika hieß, in die Heimat zurück, und
die beiden wurden von seiner Gattin freundlich empfangen. Sie
hatte schon seit längerem von der Rückkehr ihres Mannes und
den damit für sie verbundenen Komplikationen erfahren und,
anfangs sehr wenig begeistert, beschlossen, sich als gute christliche Ehefrau in den Willen ihres Mannes zu fügen und seine
Retterin schwesterlich aufzunehmen. Sogar ein dreischläfriges
Bett hatte sie als *Liebestempel* herstellen lassen, aus starkem
Föhrenholz, *mit der Farbe der Hoffnung überzogen, und einer*
rundgewölbten Decke, in Form eines Kirchhimmels, mit geflügel-

ten bausbäckigen Engelsköpfen gezieret. Der Graf ließ sich mit Melechsala trauen und hielt mit ihr eine einwöchige Hochzeitsnacht, die seine durch all die Vorbereitungen und Aufregungen erschöpfte Frau ganz verschlief. Fortan lebten sie im *dreiblättrigen Kleeblatt* einer glücklichen Ehe zusammen bis zum Tod, der sie kurz nacheinander hinwegraffte. In e i n e m Grab fanden sie ihre letzte Ruhestätte, *mit einem Steine bedeckt, auf dem die edle Bettgenossenschaft nach dem Leben abgebildet ist.* Er befindet sich im Erfurter Dom. Die Historiker freilich, die von der ganzen Geschichte kein Wort glauben, meinen, daß er einen Grafen Gleichen mit Frauen aus zwei aufeinanderfolgenden Ehen zeige. Der Ort, wo sich die beiden Gemahlinnen zuerst begegneten, ist bis heute als Freudental bekannt; das berühmte dreischläfrige Bett wurde lange als Reliquie im alten Schloß aufbewahrt. *Ein Span davon, in dem Schnürleib getragen,* soll die Kraft gehabt haben, *alle Regungen von Eifersucht in dem weiblichen Herzen zu zerstören.* Leider haben es der Überlieferung nach napoleonische Soldaten im Jahre 1813 zu einem Lagerfeuer verschürt.

Der baltische Maler Karl Gotthard Graß, der während eines Studienaufenthaltes in Jena bei Schiller Geschichte studiert hatte und oft bei ihm zu Besuch gewesen war, fühlte sich durch dessen häusliche Verhältnisse lebhaft an diese Geschichte erinnert. *Ich bitte Sie mit der herzlichsten Versicherung meines Dankes, der lieben Frau Hofräthin und der Frau vize Canzlerin mich zu empfehlen,* schrieb er (am 3. Juli 1791) in einem Abschiedsbrief, mit gebührender Berücksichtigung aller Titel. *Ich kann Ihnen nicht meine Empfindung über die Liebe dieser treflichen Schwestern unter einander und zu Ihnen bergen. Es war mir oft als ob die Frau Hofmeisterin nur eine Tochter, und Sie, wie der alte Graf von Gleichen, laut der Sage, zwey Frauen hätten.* Die

Frau Hofmeisterin, das ist Schillers Schwiegermutter Louise von Lengefeld, die *Hofräthin* seine Frau Charlotte und die *Frau vize Canzlerin* seine Schwägerin Caroline von Beulwitz (später von Wolzogen), die damals noch mit einem hohen Hofbeamten des thüringischen Duodezfürstentums Schwarzburg-Rudolstadt verheiratet war. So etwas wie moralische Mißbilligung ist in der Bemerkung von Graß nicht zu entdecken. Wie Musäus kam es ihm offenbar märchenhaft vor, *daß zwei Damen sich in die Liebe eines Mannes teilten, ohne Zwist und Eifersucht,* denn *mit der Toleranz der Liebe ist es, in unserm aufgeklärten Jahrhundert, noch lange nicht so weit gediehen, als mit der Toleranz der Kirche.* Der Männertraum einer gemäßigten Orientalisierung der abendländischen Ehe.

Abschied von gestern

Glücklich macht die Gattin nicht,
Die sich selbst nur liebet,
Ewig mit dem Spiegel spricht,
Sich in Blicken übet,
Geizig nach dem Ruhm der Welt
In der neuen Robe,
Stolzer, schöner sich gefällt
Als in Deinem Lobe.

Keine witz'ge Spötterin,
Keiner Gauklertruppe
Zugestutzte Schülerin,
Keine Modepuppe,
Keine, die mit Bücherkram
Ihre Liebe pinselt,
Was nicht aus dem Herzen kam
Aus Romanen winselt.

Glücklich macht die Gattin nicht,
Die nach Siegen trachtet,
Männerherzen Netze flicht,
Deines nur verachtet,
Die bei Spiel und bunten Reih'n,
Assembleen und Bällen,
Freuden suchet, die allein
Aus dem Herzen quellen.

Glücklich macht die Gattin nur,
Die für Dich nur lebet

Und mit herzlicher Natur
Liebend an Dir klebet;
Die um Deiner werth zu sein,
Für die Welt erblindet
Und in Deinem Arm allein
Ihren Himmel findet.

Jauchzet, wenn Du fröhlich bist,
Trauert, wenn Du klagest,
Lächelt, wenn Du freundlich siehst,
Zittert, wenn Du wagest;
[…]

Sie allein ist Dir genug,
Welten kannst Du missen;
Wunden, die das Schicksal schlug,
Heilet sie mit Küssen.
Deine Wonne sendet sie
Mit dem Engelblicke
Schwesterlicher Sympathie
Wuchernd Dir zurücke. *

Im Herbst und Winter 1787/88 reift Schillers Entschluß, sich einen solchen lang erträumten rettenden Engel nun wirklich zu verschaffen, zu heiraten, einen Hausstand zu gründen und zu diesem Zweck einen bürgerlichen Brotberuf als Historiker anzustreben. Damit nimmt er Abschied von der Selbstbestimmung zum poetischen Heldenleben einer ungebundenen Künstlerexistenz, die ihn in den Jahren nach seiner Schul- und Studienzeit umgetrieben hat. Das unruhige, aufreibende Stre-

* Friedrich Schiller: »An Körner. Zu dessen Hochzeit, 7. August 1785«

Schillers Wohnung am Frauenplan.
Federzeichnung von O. Rasch

ben nach *Größe, Hervorragung, Einfluß auf die Welt und Unsterblichkeit des Namens* – und nach Liebe – hat ihn über viele Umwege nach Weimar geführt, Haupt- und Residenzstädtchen des Fürstentums Sachsen-Weimar-Eisenach, Mekka der deutschen Literatur, Wohnort von Wieland, Herder und Goethe, deren Anerkennung und womöglich Freundschaft er sucht. Vor fünfeinhalb Jahren hatte er mit seinem schrillen, wilden, rebellischen Stück »Die Räuber« einen Sensations- und Skandalerfolg errungen, seitdem war er künstlerisch einen weiten Weg gegangen bis zum Blankversdrama des »Don Karlos« mit seinen *hohen Standespersonen* und seinem edlen Freiheitspathos. Robert Walser nennt es *sein vielleicht schönstes Stück, worin es, was Sprachlichkeit und Gestaltung betrifft, noch jugendlich flammt, sich zugleich aber auch schon gewissermaßen gewählte Manieren angenehm und ausgleichend geltend machen.* Die Buchausgabe des Dramas (das damals noch »Dom Karlos« hieß) war gerade erschienen, als Schiller am frühen Abend des 21. Juli 1787 das Stadttor passierte. Für eine Nacht quartierte er sich im »Erbprinzen« ein, wohnte anschließend drei Monate lang an der Esplanade und bezog dann ein Logis am Frauenplan, im Haus neben dem Gasthof »Zum weißen Schwan«.

Im heutigen Weimar steckt noch viel vom »Residenzdorf« des 18. Jahrhunderts, mit seinem Schloß, den alten Bürgerhäusern, krummen Gassen, kurzen Entfernungen. Von seiner Wohnung sah Schiller auf das Haus seines größten Konkurrenten Goethe, der ihn am meisten interessiert hätte, zu dieser Zeit aber in Italien unterwegs war. Er besuchte Herder, im bürgerlichen Beruf Vizepräsident des Oberkonsistoriums und Hofprediger, in seinem Haus bei der Stadtkirche und war von seiner Liebenswürdigkeit entzückt, auch wenn Herder nichts von ihm zu wissen schien – *er fragte mich ob ich verheurathet wäre* – und nichts

Johann Gottfried Herder.
Ölbild von Anton Graff, 1785

von ihm gelesen hatte. *Dein ganzes Herz will ihm entgegenflie-
gen aber man sagt daß er es immer wieder zurückzuwerfen weiß.*
Sein schwäbischer Landsmann Wieland, den er seit langem
verehrte, empfing ihn mit *Theilnahme, Wohlwollen und Achtung.* Mit 54 Jahren der älteste des Dreigestirns, begegnete er
Schiller als väterlicher Freund, Förderer, Kollege – *wir wollen
auf einander wirken, sagte er* – und nahm ihn in seine Großfa-
milie auf: eine *äuserst gute Frau, häßlich wie die Nacht aber brav
wie Gold,* ein *Gedränge kleiner und immer kleiner werdenden
Kreaturen von lieben Kinderchen* und *drei erwachsene Töchter
voll fröhlicher Laune und einer ganz poßierlichen Unschuld* (Jean
Paul rühmte ein Jahrzehnt später ihre schönen Herzen – *aber
mit den Gesichtern will's nicht fort*). Er sei jetzt bei Wielands *wie*

ein Kind vom Hauße, schrieb Schiller am 26. Oktober. Die kultivierte, warme, entspannte und heimatliche Atmosphäre im Wielandschen Familienkreis ließ eine Einheirat verlockend erscheinen und den Wunsch nach einer eigenen Häuslichkeit noch dringender werden.

Am 5. November 1787, fünf Tage vor seinem 28. Geburtstag, bietet er dem Leipziger Verleger Crusius eine zuvor als Zeitschriftenbeitrag geplante historische Arbeit über die *Niederländische Rebellion als ein eigenes für sich bestehendes Werk* an. Er werde keine Mühe schonen, *ihm Vollständigkeit und Werth zu geben. Denn ich muß Ihnen mein werthester Herr – welches ich aber u n t e r u n s gesagt wünsche – gestehen, daß ich mich durch diese Schrift in dem Neuen Fach der G e s c h i c h t e, zu dem ich mich angefangen habe zu b e s t i m m e n, beim Publikum etwas gut ankündigen möchte. Aus vielen Gründen [...] ligt mir äuserst viel daran, daß dieses Buch auch selbst in der F o r m sich von Schriften der Mode, die bloß für die neugierige Lesewelt sind, unterscheide und im Äuserlichen wie im innern, ein mehr solides und wißenschaftliches Ansehen erhalte.*

14 Tage später kommt er in einem Brief an seinen besten Freund, den Dresdner Juristen Christian Gottfried Körner, vorsichtig auf seine Heiratspläne und ein altes, damit verbundenes Problem zu sprechen, das mit der doppelten Moral zu tun hat und der Klassifizierung der Frauen in Gattinnen und Geliebte, Heilige und Huren. Schiller hat es in seinem zweiten Theaterstück, der »Verschwörung des Fiesko zu Genua«, dramatisiert und in der fulminanten Anfangsszene effektvoll exponiert: Leonore, die blasse, schmächtige, empfindsame, anziehende, aber nicht *blendende* Gattin des Titelhelden, stürzt aufgeregt auf die Bühne. Sie ist von einem Ball geflohen, weil ihr

Christoph Martin Wieland.
Kohlezeichnung von Anton Graff, 1794

Mann dort schamlos mit einer anderen Frau geflirtet hat, einer
Witwe… Das Personenverzeichnis beschreibt uns diese Gräfin
Julia moralisierend als *Dame von 25 Jahren. Gros und voll. Stolze*
Kokette. Schönheit verdorben durch Bizarrerie. Blendend und
nicht gefallend, aber Fiesko gefällt sie nur zu gut. *Vor meinen*
Augen! Eine stadtkundige Kokette! im Angesicht des ganzen Adels
von Genua […] vor meinen weinenden Augen! empört sich Leonore. Sie solle die Sache für das nehmen, *was sie wirklich war –*
eine Galanterie, versucht das Kammermädchen zu beschwich-
tigen…
LEONORE. *Galanterie? – und das emsige Wechselspiel ihrer Au-*
gen? Das ängstliche Lauren auf ihre Spuren? Der lange verwei-
lende Kuß auf ihren entblößten Arm, daß noch die Spur seiner

*Zähne im flammrothen Fleck zurükblieb? Ha! und die starre tie-
fe Betäubung, worein er, gleich dem gemahlten Entzüken
versunken saß, als wär um ihn her die Welt weggeblasen, und er
allein mit dieser Julia im ewigen Leeren. Galanterie?*

Schiller sieht sich wie Fiesko als Wollüstling, als Don Juan, der
mit jeder will und sich von jeder verführen läßt, nur nicht von
den anständigen Frauen, die Mann heiratet. Einerseits gefällt
ihm das gut, weil es ihm das stolze Gefühl seiner Männlichkeit
gibt, andererseits erkennt er es als quälende Schwäche, da die
wechselnden Passionen fortwährend Unruhe in sein Leben
bringen und ihn vom Arbeiten abhalten. Auch deshalb will er
eigentlich schon seit Jahren heiraten und hat auch einige halb-
herzige / aussichtslose Anläufe dazu unternommen. Wen, das
ist ihm schon fast egal, vorausgesetzt die Auserwählte gehört
zum Typus der glücklich machenden Frauen. Die Ehe als Hafen, als idyllischer Fluchtort, als Disziplinierungsinstitut. Sie
würde ihn vor seinen unordentlichen Leidenschaften retten,
seine Sexualität in geordnete Bahnen lenken und ihm Ruhe
zum Arbeiten verschaffen – aber kann er sich selber trauen?
Muß er nicht fürchten, daß er seiner Ehefrau binnen kurzem
untreu werden würde wie Fiesko der blassen Leonore?

Das Wielandische Haus thut mir wohl, schreibt er an Körner. *Es
sind lauter gute Menschen, und keines ohne einen gewissen
Grad von Lebhaftigkeit oder Verstand oder Eigenthümlichkeit,
der es bemerken macht.* Bis elf Uhr nachts hat er sich neulich
mit Wieland über dessen Familie unterhalten und fand sich
*unter diese Menschen als wenn ich unter sie gehörte. Und doch
mein Lieber ich gehöre nicht zu diesen Menschen, das fühle ich bei
mir selbst. Ich bin wirklich zu sehr Weltkind unter ihnen, die ganz
unerfahrene Natur sind. Ich glaube wirklich, Wieland kennt mich*

22

noch wenig genug, um mir seinen Liebling seine zweite Tochter, **n i c h t** *abzuschlagen, selbst jezt nicht da ich nichts habe; das Mädchen kenne ich nicht, gar nicht aber siehst Du, ich würde sie ihm heute abfodern, wenn ich glaubte, daß ich sie verdiente. Es ist sonderbar, ich verehre ich liebe die herzliche empfindende Natur und eine Kokette, jede Kokette, kann mich feßeln. Jede hat eine unfehlbare Macht auf mich durch meine Eitelkeit und Sinnlichkeit, entzünden kann mich keine, aber beunruhigen genug. [...] Auf die Wieland zurück zu kommen, ich sage Dir ich glaube daß mich ein Geschöpf wie dieses glücklich machen könnte, wenn ich soviel Egoismus hätte, glücklich seyn zu können, ohne glücklich zu machen und an dem lezten zweifle ich sehr. Bei einer ewigen Verbindung, die* **i c h** *eingehen soll, darf* **L e i d e n s c h a f t** *nicht seyn, und* **d a r u m** *hab ich bei* **d i e s e m** *Falle mich schon verweilt. Ich kenne weder das Mädchen, noch weniger fühle ich einen Grad von Liebe weder Sinnlichkeit noch Platonismus – aber die innigste Gewisheit, daß es ein* **g u t e s** *Wesen ist, daß es* **t i e f** *empfindet und sich innig attachieren kann, mit der Rücksicht zugleich, daß sie zu einer* **F r a u** *ganz vortreflich erzogen ist, äuserst wenig Bedürfniße und unendlich viel Wirthschaftlichkeit hat.*

Schiller mag gemerkt haben, daß er immer mehr klang wie sein eigener Vater, der ihm schon lange eine haushälterische Ehefrau wünschte – unendlich viel prosaische Vernunft! Wie erschrocken brach er ab und wiederholte, er wisse nicht, ob er überhaupt in diesen Kreis gehöre. Offenbar fühlte er sich bei Wielands als Wolf im Schafspelz. Körner solle ihm doch sagen, ob er sich vorstellen könne, *daß ich eine Frau habe und ein, mir so entgegengeseztes Wesen, eine unschuldige Frau.* Erst wenn er sich mit dem Freund darüber verständigt habe, werde er sich bemühen, das Mädchen kennenzulernen. *Charlotte weiß von diesem Monologe meiner Vernunft nichts.*

Don Karlos

Wer zu neuen Ufern aufbricht, läßt meist Menschen zurück, die auf eine gemeinsame Zukunft mit ihm gerechnet hatten. Im Falle Schillers waren das sein Freund Körner – und seine Freundin Charlotte von Kalb, mit der er seit Jahren eine ernsthafte Affäre hatte. Er war also keineswegs ungebunden, als er sich Wielands unschuldige Tochter als Ehefrau vorzustellen versuchte. Beide Beziehungsgeschichten folgen aufeinander, sind miteinander verwoben und gründen auf Vorgeschichten, die auf Vorgeschichten gründen ... Schiller hat seine durch schroffe Entschlüsse, Fluchten, Wendungen markierte Biographie so zwingend zum Aufstiegs- und Entwicklungsdrama geformt, daß seine Biographen und Interpreten an dieses Modell gebannt scheinen. Ich erinnere also daran, woher er kommt.

Aus bescheidenen Verhältnissen. Geboren 1759 im schwäbischen Landstädtchen Marbach am Neckar als zweites Kind und erster Sohn von Johann Caspar Schiller, Leutnant in württembergischen Militärdiensten, ein tüchtiger, kindlich frommer, im Daseinskampf gehärteter Mann, der nach dem Ausscheiden aus dem aktiven Militärdienst zum Intendanten der Hofgärtnerei auf der Solitude bestellt wurde, einem bei Stuttgart gelegenen Lustschloß des Herzogs Carl Eugen. Seine Mutter Elisabetha Dorothea, weich, larmoyant, kränklich, brachte noch vier Töchter zur Welt, von denen zwei das Säuglingsalter überlebten. Fritz, wie er in der Familie hieß, wird als lernwilliges gutherziges Kind beschrieben, das schon früh seine Neigung und Begabung zum Predigen entdeckte. Nach dem Besuch der Ludwigsburger Lateinschule wollte er Pfarrer werden, mußte aber auf Befehl seines despotischen Landesherrn dessen neuge-

Schillers Geburtshaus. Kreidezeichnung von Schillers Enkel
Ludwig von Gleichen-Rußwurm, 1859

gründete (später zur Hohen Carlsschule erhobene) Militär-
Akademie besuchen, wo er erst Jura studierte, dann zur Medizin wechselte. Die Internatsschule wurde militärisch geführt,
eine Zwangsanstalt, in der alles auf die Minute genau geregelt
war, die Zöglinge Uniformen tragen mußten (stahlblau, mit
schwarzem Kragen und Ärmelaufschlägen) und zu gegenseiti-
ger Kontrolle und Bespitzelung angehalten wurden. Schiller
hat im Rückblick all seine Probleme, Schwächen, Härten auf
diese »Erziehung« zurückgeführt, die ihn in die Fluchtwelten
der Dichtung und pubertär überhitzter Freundschaften trieb
und den Rebellen in ihm weckte. Die ungelenke Zeichnung
einer Faust, die sich aus dieser Zeit erhalten hat, ist wie ein
Emblem seines trotzigen Widerstandswillens (der sich dann
in seinem Werk im lebenslangen Interesse an Aufständen, Re-
bellionen, Verschwörungen bekundete) und durch einen ver-
ehrten Lehrer zu einem hohen Ziel gelenkt wurde: Jakob Fried-

Schillers Eltern, Johann Caspar und Elisabetha Dorothea Schiller.
Ölgemälde von Ludovike Simanowiz, 1793

rich Abel, Professor für Philosophie, Psychologie und Moral,
pflanzte ihm den Traum von Größe und Ruhm ein, die durch
Leidenschaft beflügelt werden müssen: *Ohne Leidenschaft ist*
nie etwas Großes, nie etwas Ruhmvolles geschehen, nie ein großer
Gedanke gedacht oder eine Handlung der Menschheit würdig
vollbracht worden. [...] Reizt jedes Große, Hohe euer Herz,
schwillt eure Brust von edlen Gedanken und eure Seele wird
größer und stolzer bei dem Gedanken des Göttlichen, – jauchzet
Jünglinge, in euch schlummert ein großer Mann.

Nach bestandenem Examen (als Dissertation reichte er einen
»Versuch über den Zusammenhang der thierischen Natur des
Menschen mit seiner geistigen« ein) wurde er in Stuttgart als
Regimentsmedikus angestellt. Freiheitstaumel, ein ziemlich
wüstes Bohemeleben, mit Glücksspiel, *kratzenden Weinen,*
schlechtem Schnupftabak und garstigen Weibern. Mehrere waren
Zeugen, daß er während eines einzigen Beyschlafs, wobei er brau-
ste und strampfte, 25 Prisen Tabak schnupfte – in die Nase nahm.

Seine Hauswirtin, eine blonde, lebenslustige Witwe, gab Schiller Liebeslektionen, die er in den Laura-Gedichten ~~der von ihm anonym herausgegebenen~~ »Anthologie auf das Jahr 1782« ~~platonisch~~ veredelte und zum kosmischen Liebestaumel hochschraubte:

> Wenn dann, wie gehoben aus den Achsen
> Zwei Gestirn, in Körper Körper wachsen,
> Mund an Mund gewurzelt brennt,
> Wollustfunken aus den Augen regnen,
> Seelen wie entbunden sich begegnen
> In des Athems Flammenwind, – – –

Mit den »Räubern«, die 1782 in Mannheim uraufgeführt wurden, entsprang der Zögling Schiller in die Weltgeschichte: *Mir ekelt vor diesem Tintenglecksenden Seculum.* Als ihm Herzog Carl Eugen daraufhin unter Androhung von Festungshaft befahl, *niemals mehr weder Comedien noch sonst was zu schreiben! sondern allein bey seiner Medizin zu bleiben,* entschloß sich Schiller zur Flucht aus seinen Diensten – und vor seinen Gläubigern. Asyl fand er in Bauerbach bei Meiningen, dem thüringischen Landgut einer adligen Dame namens Henriette von Wolzogen. Vermittelt hatte diesen Aufenthalt ihr Sohn Wilhelm, der auf der Carlsschule Architektur studierte und sich dem Dichter der »Räuber« als bewundernder Freund angeschlossen hatte. *Man sieht sein junges, feuriges, ungebildete Genie ganz und gar darinn; – er kann noch einer von den schönen Geistern Deutschlands werden, wenn er es nicht schon ist,* schrieb er in sein Tagebuch. *Nur schade, daß einiges unanständige Zeug in einigen Scenen komt, allemal gut angebracht zwar, aber doch immer unanständig.*

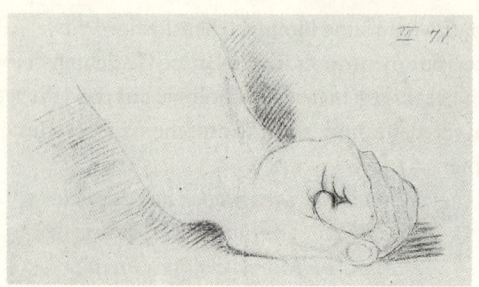

Schülerzeichnung von Schiller, 1777

In der Einsamkeit seines Zufluchtsortes, der ihm schon bald zur Verbannung wurde, ließ sich Schiller vom Meininger Hofbibliothekar Reinwald, einem gelehrten, schlechtbezahlten, geizigen, grämlichen Junggesellen von Mitte Vierzig, mit Büchern und dem unentbehrlichen Schnupftabak versorgen und arbeitete an einem neuen Stück, dem bürgerlichen Trauerspiel »Louise Millerin« (Louise wie eine seiner Schwestern und Miller wie Schiller), das dann den zugkräftigeren Titel »Kabale und Liebe« bekam. Es erzählt von einer die Standesschranken überschreitenden, tragisch endenden Liebe zwischen einem Adligen und einem Bürgermädchen, vom Despotismus der Mächtigen, den tückischen Intrigen der Schwachen, von der Tugendborniertheit und der zerstörerischen Eifersucht, die er im eigenen Herzen fand. In dieser Zeit warb er (erfolglos) bei Henriette von Wolzogen in einem ziemlich wilden Brief um die Hand ihrer 16jährigen Tochter, so als wolle er das Dramenthema der unstandesgemäßen Liebe durch eigene Erfahrung unterfüttern.

Zum Personal von »Kabale und Liebe« gehört die bühnenwirksame Spottfigur des Hofmarschalls von Kalb. Der Name war eine gezielte Bosheit, Schillers Reaktion auf eine Geschichte, die er von Reinwald und seiner Gastgeberin gehört hatte. Sie war gerade erst passiert und handelte von zwei mit Henriette von Wolzogen verwandten, früh verwaisten, in Meiningen bei Pflegeeltern aufgewachsenen Schwestern, Charlotte und Eleonore Marschalk von Ostheim, die nach dem plötzlichen Tod ihres einzigen Bruders von ihrer Vormundschaft gegen ihre Neigung und ihren Willen an zwei Brüder verheiratet (verkauft) worden waren: Charlotte an Heinrich von Kalb, einen Offizier in französischen Diensten, Eleonore an den ehemaligen Weimarer Kammerpräsidenten Johann August Alexander von Kalb, der als begnadeter Intrigant die Sache eingefädelt und durchgesetzt hatte. Damit war faktisch das gesamte Erbe der Schwestern in seinen Händen, das er dann in den folgenden Jahrzehnten durch Prozesse, Mißwirtschaft und Spekulationen durchbrachte.

So wie Schiller vom Schicksal der Schwestern hörte, so erfuhren diese von seinem Aufenthalt in Bauerbach und huldigten ihm mit einem Gedicht, sicher auf Betreiben Charlottes, die eine passionierte Leserin war. Doch zu einer persönlichen Bekanntschaft kam es erst im Mai 1784 in Mannheim, wo Schiller mittlerweile als Theaterdichter angestellt war. Charlotte von Kalb, damals knapp 23 Jahre alt und im fünften Monat schwanger, war mit ihrem Mann unterwegs in seine Garnisonsstadt Landau und ließ bei Schiller Empfehlungsbriefe von Frau von Wolzogen und Reinwald abgeben. Am 9. Mai, einem Sonntag, suchte Schiller die Eheleute in ihrem Gasthof auf und kam mit Charlotte sofort in ein lebhaftes Gespräch. *Einige Stunden hatte er geweilt, da nahm er den Hut und sprach: »Ich muß eilends in das Schauspielhaus.« Später habe ich erfahren, Kabale und Liebe wurde diesen Abend gegeben, und er habe den Schauspieler ersucht, ja nicht den Namen »Kalb« auszusprechen.*

Charlotte von Kalb, geb. Marschalk von Ostheim.
Ölgemälde von Johann Friedrich August Tischbein

Da hatten sich zwei gefunden, die im gleichen Element heimisch waren, sich für Bücher, Ideen, Ideale begeisterten und nichts lieber taten, als darüber zu reden und zu diskutieren. Schiller war von Charlotte, ihrer Intelligenz, ihren eigenständigen, unkonventionellen Urteilen, ihrem Enthusiasmus für alles Schöne und Große, ihrer aristokratischen Haltung fasziniert. Und diese Frau bewunderte ihn, glaubte an ihn! Sie zeige sehr viel Geist und gehöre nicht *zu den gewönlichen Frauenzimmer-Seelen,* rühmte er und nannte sie *eine vortrefliche Person [...] die, ohne aus Ihrem Geschlecht zu treten, sich glänzend davon auszeichnet.*

Charlotte zog bald (allein) nach Mannheim; ihrem ersten Sohn, der dort im September geboren wurde, gab sie den Namen Friedrich. Im Herbst und Winter dieses Jahres verbrachten sie und Schiller viel Zeit miteinander, in Gesellschaft und allein. Besonders wird Schiller sich für Charlottes Erzählungen von den Literaturgrößen Weimars interessiert haben, mit denen sie gut bekannt oder sogar befreundet war. Seine Entwicklung – Selbstbändigung – zu klassischer Form machte im Umgang mit ihr rasante Fortschritte. In der auf den 11. November 1784 datierten autobiographischen Ankündigung zu einer neuen Zeitschrift, der »Rheinischen Thalia«, mit der er seine chronisch schlechte finanzielle Lage aufbessern wollte, sagte er sich mit einer seiner unnachahmlich großen Sprachgebärden im Stile des Marquis Posa von seiner Vergangenheit als »angry young man« los: *Ich schreibe als Weltbürger, der keinem Fürsten dient.* Charlotte untertrieb, als sie später schrieb: *Dadurch, daß ich mit Schiller öfter über die weiblichen Charaktere in den Räubern und Fiesko sprach, ihm auch nicht vorenthielt, in welcher Hinsicht ich meiner Meinung nach, diesen und jenen Zug für verfehlt halte, mag ich einigen Einfluß auf die Charakterzeichnung der Frauen im Don Karlos gehabt haben.*

Mehr noch als alle guten Lehren war es wohl die Parallelität von dramatischer und biographischer Konstellation, die Schiller inspirierte. Seine Beziehung zu einer ohne Neigung verheirateten Frau konnte er in der verbotenen Liebe des Prinzen Don Karlos zu seiner Stiefmutter Elisabeth, der Frau König Philipps, gespiegelt sehen. Charlotte war Schillers Königin, als er an seinem Freiheitsdrama schrieb. Am zweiten Weihnachtstag des Jahres 1784 las er am Darmstädter Hof den ersten Akt des »Don Karlos« vor. Unter den Zuhörern der von Charlotte vermittelten und mit Wohlwollen aufgenommenen Lesung war auch der

Weimarer Herzog Carl August, Goethes Freund, der sich (gewiß durch die Fürsprache Charlottes) bereit fand, Schiller *in Rücksicht auf deßen Uns angerühmte gute Eigenschaften, Begabniße und Kenntniße, den Character Unsers Fürstlichen Raths zu ertheilen.* Das Ziel Weimar war ihm damit vorgezeichnet.

Er nahm einen langen Umweg. *Ich habe keine Seele hier, keine einzige die die Leere meines Herzens füllte, keine Freundin, keinen Freund; und was mir v i e l l e i c h t noch theuer seyn könnte, davon scheiden mich Konvenienz und Situationen,* klagte er im Februar 1785 einem ihm zu dieser Zeit noch Unbekannten, Christian Gottfried Körner, der ihm zusammen mit seinem Freund, dem Schriftsteller Ludwig Ferdinand Huber, und ihren beiden Verlobten, den Schwestern Minna und Dora Stock, ein halbes Jahr zuvor ein Päckchen aus Leipzig geschickt hatte, mit bewundernden Briefen, ihren Porträts und einer von Minna gefertigten Brieftasche, die mit goldener Lyra und Lorbeerkranz bestickt war. Schiller hatte nicht geantwortet. Nun plötzlich erinnerte er sich daran wie ein Ertrinkender, der auf einmal rettendes Land sieht: *ich m u ß Leipzig und Sie besuchen. […] Werden Sie mich wol aufnehmen?*

Weshalb diese Panik? Man kann nur Vermutungen anstellen. Sein Vertrag am Theater war nicht verlängert worden, Schuldner bedrängten ihn. Vielleicht hielt er die aufreibende Beziehung zu Charlotte nicht mehr aus, die keine Zukunft zu haben schien. Vielleicht war er gleichzeitig auch noch verliebt in Margaretha Schwan, die Tochter eines Mannheimer Verlagsbuchhändlers und Lexikographen. Vielleicht wußte er überhaupt nicht mehr, was er wollte. Vielleicht mußte er dem Plan folgen, den er seinem Don Karlos vorgezeichnet hatte: *Des Prinzen Heldensinn erwacht wieder und fängt an, über seine Liebe zu sie-*

gen. Während er die Freundschaft von Karlos und Posa dichtend verklärte, fiel ihm auf, daß ihm selbst ein ebenbürtiger Freund fehlte.

Für Charlotte von Kalb war seine Abreise ein harter Schlag, auch wenn sie vermutlich nie erfuhr, daß er gleich nach seiner Ankunft in Leipzig bei Schwan brieflich um die Hand seiner Tochter anhielt. Schwans Antwort ist nicht überliefert. Ob er Schiller abwies oder ihm riet, Margaretha doch selbst zu fragen, ist nicht klar, jedenfalls scheint Schiller nichts mehr zur Realisierung dieses Heiratsprojekts unternommen zu haben.

Seine verzweifelte Leipziger Spekulation aber war erfolgreich. In Körner fand er tatsächlich den erträumten Freund, gutaussehend, gebildet, klug, vernünftig, zuverlässig, in komfortablen Verhältnissen, ein Liebhaber von Literatur, Philosophie, Musik. Körner wiederum liebte in Schiller den Künstler, der er selbst gern geworden wäre, und machte dessen Ziele (*Größe, Hervorragung, Einfluß auf die Welt und Unsterblichkeit des Namens*) zu einem gemeinsamen Projekt. Er rettete Schiller vor seinen Gläubigern, lieh ihm Geld, nahm ihn nach seiner Heirat mit Minna in seine Häuslichkeit auf, war sein Seelenarzt, begleitete sein Schaffen in kritischer Verehrung und schwärmte mit ihm. Erst in Leipzig, dann in Dresden verlebten sie Flittermonate hochgestimmter Männerfreundschaft, die sich, darin waren sie sich einig, anders als ablenkende Frauengeschichten wunderbar mit dem Streben nach Größe vertrug: *Arm in Arm mit dir – / so fodr' ich mein Jahrhundert in die Schranken.*

Huber (als zweitbester Freund), Minna und Dora erweiterten diesen Bund zum freundschaftlichen Zirkel, in dem ihnen die Utopie einer Menschheitsverbrüderung vorschien. *Seid um-*

Christian Gottfried Körner.
Nach einer Zeichnung von 1790

schlungen Millionen! Das Gedicht »An die Freude« entstand, das sie in Körners Vertonung sangen. Sie machten Pläne für eine gemeinsame Zukunft, eine Villa auf dem Land, ein Leben für die Kunst und die Freundschaft. Auch Charlotte sollte dabeisein und vielleicht sogar ihr unbedeutender, aber gutmütiger Ehemann…

Dem Alltag konnte dieser Enthusiasmus auf die Dauer nicht standhalten. Zwei Jahre nach seiner Abreise von Mannheim war Schillers Existenz immer noch ungesichert. Er litt an der finanziellen und emotionalen Abhängigkeit von Körner, der ihn wie eine Gouvernante vor erotischen Anfechtungen zu bewahren suchte. Als sich Schiller auf einem Maskenball leidenschaftlich in eine sehr schöne Frau von zweifelhaftem Ruf verliebte (sie hieß Henriette von Arnim), wurde er von Körner und Minna zur Abkühlung und Ablenkung aufs Land geschickt.

Im Juli 1787 floh Schiller auf Einladung Charlotte von Kalbs von Dresden nach Weimar, mit Lampenfieber und unklaren Wünschen und Hoffnungen. Wie würden ihn die berühmten Kollegen aufnehmen? Vielleicht konnte der Herzog Carl August ihm (wie Wieland, Goethe, Herder) eine gutbezahlte Stelle verschaffen, die genug Zeit zum Dichten ließ? Und dann sein Verhältnis zu Charlotte … *Sonderbar war es, daß ich mich schon in der ersten Stunde unsers Beisammenseins nicht anders fühlte als hätt ich sie erst gestern verlassen. So einheimisch war mir alles an ihr, so schnell knüpfte sich jeder zerrissene Faden unsers Umgangs wieder an,* schrieb er Körner. Ihr Mann hielt sich bei seiner Garnison auf, sie war allein, führte ihn in die Gesellschaft ein, brachte ihn an den Hof der Herzoginmutter Anna Amalia (Carl August war auf Reisen), machte ihn mit ihren Freunden bekannt. Man behandelte sie als Paar, sie wurden zusammen eingeladen. Schillers Selbstbewußtsein wuchs. *Charlotte versichert mir […], daß ich es hier überal mit meinen Manieren wagen dürfe. Biß jezt habe ich, wo ich mich zeigte, nirgends verloren. Charlottens Idee von mir hat mir Zuversicht gegeben, und die nähere Bekanntschaft mit diesen Weimarischen Riesen – ich gestehe Dirs – hat meine Meinung von mir selbst – verbeßert.* Daß sie bei Herder und Wieland *in hoher Achtung* stand, beeindruckte ihn. Er sah sie sehr oft, manchmal mehrmals am Tag. *Charlotte ist eine große sonderbare weibliche Seele, ein wirkliches Studium für mich, die einem größeren Geist als der meinige ist, zu schaffen geben kann. Mit jedem Fortschritt unsers Umgangs ent-*

35

*decke ich neue Erscheinungen in ihr, die mich, wie schöne Par-
thien in einer weiten Landschaft überraschen, und entzücken.*

Oft allerdings fand er das Zusammensein mit ihr ziemlich an-
greifend – und das galt wohl auch umgekehrt. Immer noch war
sie verheiratet; Scheidungen waren damals nicht nur sehr
schwierig, sondern für eine Frau auch kompromittierend. *Noch
genießen wir uns nicht in einem zweckmäßigen Lebensplan, wie
ich mir versprochen hatte. Alles ist nur Zurüstung für die Zukunft. Jezt erwarte ich mit Ungeduld eine Antwort von ihrem
Mann auf einen wichtigen Brief den ich ihm geschrieben –*
schrieb Schiller Anfang August an Körner. Er hatte Charlotte
dringend zur Scheidung geraten und sich damit selbst in eine
schwierige Lage gebracht. Liebte er sie überhaupt? Sicher nicht
so, wie sie ihn liebte. Ihre fürsorgliche Geschäftigkeit irritierte
ihn zunehmend. Die Hofgesellschaft, in der sie zu Hause war,
machte ihn unsicher und schien ihm verächtlich. Und gewiß
war sie nicht der rettende Engel, die Ehefrau seiner Träume, *die
liebend an ihm klebt.* Mit seinen Heiratsplänen flieht er auch
vor ihren von ihm genährten Wünschen und Hoffnungen.

Seelenfinsternis

Körner hält nichts von Schillers Plänen. Er hat Freundschaft mit dem Künstler geschlossen; daß der sich nun auf die Geschichtsschreibung verlegen will und ihm gegenüber Nutzen, Ansehen, Wert und Würde historischer Arbeiten verteidigt, empfindet er als Verrat. *Schrecklich prosaisch* nennt er Schillers neue Ideen von *schriftstellerischer Thätigkeit. Wenn dieß eine Folge der Weimarischen Cultur ist, so hat sie an Dir eben kein Meisterstück gemacht,* rügt er und hält ihm eine richtige Standpauke: *Also keine Spur mehr von jenen Ideen über Dichterwerth und Dichterberuf, über die wir längst einverstanden waren? Willst Du Dich selbst zum Handlanger für die niedrigsten Bedürfniße gemeiner Menschen herabwürdigen, wenn Du beruffen bist über Geister zu herrschen?* Schiller, nun seinerseits verärgert, verteidigt sich mit einer kühlen Aufzählung von Argumenten (von 1. bis 8.), die mit der Feststellung beginnt: *Ich muß von Schriftstellerei leben, also auf das sehen, was einträgt.* Er sei nicht immer in der Stimmung zum Dichten, habe aber regelmäßige Bedürfnisse, deren Befriedigung er nicht von Stimmungen abhängig machen könne. Er sei müde, benötige dringend eine schöpferische Pause. *Du wirst es für keine stolze Demuth halten, wenn ich Dir sage, daß ich zu erschöpfen bin. Meiner Kenntniße sind wenig. Was ich bin, bin ich durch eine, oft unnatürliche Spannung meiner Kraft. Täglich arbeite ich schwerer – weil ich viel schreibe: Was ich von mir gebe steht nicht in proportion mit dem was ich empfange. Ich bin in Gefahr mich auf diesem Weg auszuschreiben.*

Auf Schillers Heiratspläne reagiert Körner mit Warnungen und väterlichem Kopfschütteln. Schiller werde bei seinem *Streben nach bürgerlicher und häuslicher Glückseligkeit* von den Vorteilen seiner schriftstellerischen Existenz nicht wenig aufopfern müssen. Was das Mädchen, die Tochter Wielands, angeht (auf den Körner übrigens ziemlich eifersüchtig ist), so ist er *noch nicht überzeugt, daß es ein Fund für Schiller sei, den er sich nicht entgehen lassen* dürfte. Vermutlich idealisiere er sie wie üblich und glaube wieder einmal, *unvereinbare Dinge vereinigen zu können. Daher der geringe Widerstand, den jede aufsteigende Leidenschaft bey Dir findet, und eine vorübergehende Grille wird durch Deine lebhafte Phantasie leicht zur Leidenschaft.* Schiller sei einfach noch nicht reif zum Heiraten. *Erfahrungen von einigen Jahren* würden ihn vernünftiger und mißtrauischer gegen seine Phantasie machen und dann, ja dann sei es möglich, *daß ein liebenswürdiges Mädchen* ihn *auf immer feßeln* könne. *Eher, darfst Du, glaube ich, keine Verbindung dieser Art eingehen. Laß uns immer erst alle zusammen in den Hafen eingeschifft seyn, und dann wollen wir uns freuen, wenn Du in einer Gattinn, die Deiner werth ist, uns eine neue Freundinn zuführst.*

Da spricht der Körner, dem Schiller davongelaufen war – und dessen Urteil ihm doch immer noch so wichtig ist. In einem Brief vom 7. Januar 1788 wirbt er mit der Schilderung einer psychischen Katastrophenszenerie fast flehentlich um das Verständnis des Freundes. *Noch einmal, mein Lieber, dabei bleibt es, daß ich heirathe. Könntest Du in meiner Seele so lesen, wie ich selbst, Du würdest keine Minute darüber unentschieden seyn. Alle meine Triebe zu Leben und Thätigkeit sind in mir abgenützt; diesen einzigen habe ich noch nicht versucht. Ich führe eine elende Existenz, elend durch den inneren Zustand meines Wesens. Ich muß ein Geschöpf um mich haben, das mir gehört, das ich glücklich machen kann und muß, an dessen Daseyn mein eigenes sich erfrischen kann. Du weißt nicht, wie verwüstet mein Gemüth, wie verfinstert mein Kopf ist – und alles dieses nicht durch äusseres Schicksal, denn ich befinde mich hier von d e r Seite wirklich gut, sondern durch inneres Abarbeiten meiner Empfindungen. Wenn ich nicht H o f n u n g in mein Daseyn verflechte, Hofnung, die fast ganz aus mir verschwunden ist, wenn ich die abgelaufenen Räder meines Denkens und Empfindens nicht von neuem aufwinden kann, so ist es um mich geschehen. Eine philosophische Hypochondrie verzehrt meine Seele, alle ihre Blüthen drohen abzufallen. Glaube nicht, daß ich Dir hier die Laune eines Augenblicks gebe. So war ich noch bei euch, ohne es mir selbst klar zu machen, so bin ich fast die ganze Zeit meines Hierseyns gewesen, so kennt mich Charlotte seit langer Zeit. Mein Wesen leidet durch diese Armuth und ich fürchte für die Kräfte meines Geists. Ich bedarf eines Mediums, durch das ich die anderen Freuden genieße. Freundschaft, Geschmack, Wahrheit und Schönheit werden mehr auf mich wirken, wenn eine ununterbrochene Reihe feiner wohlthätiger häuslicher Empfindungen mich für die Freude stimmt und mein erstarrtes Wesen wieder durchwärmt. Ich bin bis jezt ein isolierter fremder Mensch in der Natur herumgeirrt, und habe nichts als Eigentum besessen. Alle Wesen, an die ich mich fesselte, haben etwas gehabt, das ihnen theurer war als ich, und damit kann sich mein Herz nicht behelfen. Ich sehne mich nach einer bürgerlichen und häußlichen Existenz, und das ist das Einzige, was ich jezt noch hoffe.*

Körner solle aber nicht glauben, daß er schon gewählt habe, das mit Wielands Tochter sei nicht mehr als ein *hingeworfener Gedanke* gewesen. Er sei noch ganz frei und *das ganze Weibergeschlecht* stehe ihm offen, aber er wünschte, *bestimmt zu seyn.* [...] *Uebrigens wiederhohle ich Dir noch einmal, halte mich nicht im geringsten für g e f e s s e l t, aber f e s t e n t s c h l o s s e n es zu werden.*

39

Das doppelte Dementi ist verdächtig. Schiller wußte zu diesem Zeitpunkt vermutlich schon, von wem er sich fesseln lassen wollte.

Winterreise

Ende November 1787 – Charlotte von Kalb war zu einem Verwandtenbesuch unterwegs – hatte Schiller beschlossen, seinen *Interims-Wittwerstand* aufzuopfern und seinerseits zu einer Reise zu nutzen. Reinwald, sein Interims-Freund aus Bauerbacher Zeiten, war seit einem Jahr mit Schillers älterer Schwester Christophine verheiratet, sehr zum Mißfallen des Bruders, aber mit fast 30 Jahren konnte sie es sich nicht leisten, wählerisch zu sein. Nun wollte er Schwager und Schwester in Meiningen endlich den längst fälligen Besuch abstatten und nach Bauerbach zu Henriette von Wolzogen fahren, die gerade ihren Sohn Wilhelm zu Gast hatte.

Ich war also wieder in der Gegend wo ich von 82 biß 83 ein Einsiedler lebte (schrieb Schiller nach seiner Rückkehr an Körner). *Damals war ich noch nicht in der Welt gewesen, ich stand so zu sagen, schwindelnd an ihrer Schwelle und meine Phantasie hatte ganz erstaunlich viel zu thun. Jezt nach 5 Jahren kam ich wieder, nicht ohne manche Erfahrungen über Menschen, Verhältniße und mich. Jene Magie war wie weggeblasen. Ich fühlte nichts. Keiner von allen Plätzen, die ehmals meine Einsamkeit intereßant machte, sagte mir jetzt etwas mehr. Alles hat seine Sprache an mich verloren. An dieser Verwandlung sah ich, daß eine große Veränderung mit mir selbst vorgegangen war. Und mußte sie nicht? Wie viele neue Gefühle, Schiksale und Situationen lagen nicht in diesem Zwischenraum. Eure Erscheinung, unsre ganze Freundschaft, ganz Mannheim mit seinen Freuden und Leiden, Charlotte, Weimar, eine ganz neue Epoche meines Denkens!*

Rudolstadt von Südwesten, Kupferstich

Den Rückweg nach Weimar unternahm er gemeinsam mit Wilhelm von Wolzogen, der ihn einst nach Bauerbach gebracht hatte. Fast zwei Tage lang ritten sie durch die winterliche Landschaft, besichtigten eine Gewehrfabrik in Suhl und übernachteten in Ilmenau. Am 6. Dezember nachmittags um vier Uhr erreichten sie Rudolstadt, wo Wilhelm zwei von ihm angeschwärmte Cousinen besuchen und Schiller vorstellen wollte. *In Rudelstadt hab ich mich auch einen Tag aufgehalten und [...] eine recht liebenswürdige Familie kennen lernen. Eine Frau von Lengenfeld lebt da mit einer verheuratheten und einer noch ledigen Tochter. Beide Geschöpfe sind, ohne schön zu seyn, anziehend und gefallen mir sehr. Man findet hier viel Bekanntschaft mit der neuen Litteratur, Feinheit, Empfindung und Geist. Das Clavier spielen sie gut, welches mir einen recht schönen Abend machte. Die Gegend um Rudelstadt ist ausserordentlich schön. Ich hatte nie davon gehört und bin sehr überrascht worden. Man gelangt*

durch einen schönen Grund von 2 ½ Stunden dahin und wird
von dem weissen großen Schloß auf dem Berge angenehm über-
rascht.
Hier in Weimar habe ich Charlotte und ihren Mann wieder ge-
funden. Er ist ganz der alte, wie ich auf den ersten Anblick urthei-
len konnte, denn ich hab ihn nur einmal gesprochen. Sie ist ge-
sund und sehr aufgeweckt. Ich weiß nicht ob die Gegenwart des
Mannes mich lassen wird wie ich bin. Ich fühle schon einige Ver-
änderung, die weiter gehen kann.

Vaterhaus

Louise von Lengefeld war die Witwe des Schwarzburg-Rudol-
städtischen Oberforstmeisters Carl Christoph von Lengefeld.
Als er sich 1761 um die Hand des mittellosen Fräuleins Louise
von Wurmb bewarb, war er 46 Jahre alt, 28 Jahre älter als sie
und zudem schwer behindert durch Lähmungen, die von einem Schlaganfall zurückgeblieben waren. Für sie war die Ehe
vor allem eine Versorgung, doch hat sie sich auch aus *Neigung
und Ehrfurcht* mit Lengefeld verbunden. Die Briefe, die der vä-
terliche Bräutigam an sein *liebstes Kind,* seine *Herzlichgeliebte-
ste Louise* schrieb, lassen eine überaus gewinnende Persönlichkeit erkennen, souverän, entspannt, liebevoll und von selbst-
verständlicher Frömmigkeit, die sich mit einem Schuß heiterer
Rokoko-Zärtlichkeit anmutig verbindet: *Ich verehre und liebe
übrigens von ganzen Herzen mein bestes Küße (in tiefen Gedancken es soll heisen Kind) und bleibe lebenslang der treueste
Carl.* Am 27. Juli 1761 konnte er seiner Verlobten schreiben: *Gott
hat auch endlich ein Quartier bescheret.* Die Miete war zwar
ziemlich hoch, aber es war geräumig und bequem gelegen,
nahe der Stadtkirche, dem Stadtpalais der Rudolstädter Fürsten (Ludwigsburg) und einer Passage, die zu ihrer Residenz
Heidecksburg, dem *weissen großen Schloß auf dem Berge* hoch-
führte, *vor mich nach Hofe bey guten Wetter zu gehen.* Ein paar
Tage später schickte er ihr den Grundriß des Hauses mit dem
Wunsch zu, *daß es meinem liebsten Kinde angenehm […] seyn
möge.* In diesem Hause wurden ihre zwei Töchter geboren: am
3. Februar 1763 Friederike Sophie Caroline Auguste und am 22.
November 1766 Louise Charlotte Antoinette. Beide hatten eine
Unmenge von fürstlichen und adligen Paten, bei Caroline wa-
ren es 52, bei Charlotte sogar 73, unter ihnen auch die aus Goe-

Der Heißenhof, Geburtshaus von Charlotte und Caroline

thes Leben bekannte Charlotte von Stein, die ihr später eine treue Freundin wurde. Mit den Schwestern wuchs eine etwas ältere Cousine auf, die die Lengefelds zu sich genommen hatten.

Die Lage unserer Wohnung war höchst romantisch; an einer klei-nen Anhöhe, die mit Obstbäumen bepflanzt war, lag unser Haus. Die vordere Seite hatte einen großen Hof, der mit einem kleinen Garten begrenzt war. Vor uns lag ein fürstliches Lustschloß und rechts eine alte Kirche, deren schöner Thurm mir manche Phan-tasien erweckte, und das Geläute der Glocken, das ich zu allen Stunden hörte, stimmte mich oft ernst und melancholisch. Ich stand stundenlang an meinem Kammerfenster, sah in die dun-keln Fenster des Thurms hinein, hörte den Glocken zu und sah die Wolken am Himmel sich bewegen. Mein Horizont war frei. In der Ferne sahen wir schöne Berge und ein altes Schloß auf dem Berge liegen, das oft das Ziel meiner Wünsche war. Charlotte hat ihre Kindheit als Idylle beschrieben – *Ein einziger Tag meines frühe-*

ren Lebens ist die Geschichte aller* – und dieser Einförmigkeit einen günstigen Einfluß auf die Entwicklung ihres Charakters beigemessen: *Ich lernte dadurch auf mir selbst zu ruhen.* Morgens kam ein Lehrer ins Haus (Charlotte lernte nicht gern), dann wurde Mittag gegessen, dann war noch einmal Unterricht, sie lasen, schrieben Briefe. *Alsdann kam noch der französische Sprachmeister, und unsere Stunden hatten ein Ende.* Bei schönem Wetter spielte sie draußen, meist allein. Schon früh war sie gewohnt, in den Phantasien ihrer älteren Schwester mitzuleben. *War es böses Wetter, so setzte ich mich still in einen Winkel und hörte Karolinen und Amalien zu, die eine Art dialogisierter Romane spielten; eine war immer eine Heldin des Stücks, und statt zu erzählen wie es geschehen sei, dramatisierten sie die Geschichte. Dieses hatte unendlichen Reiz für mich. Ich saß dabei und hörte Alles an und war begierig, wie es enden würde. Wie alle Romane und Theaterstücke, so endete sich dieses auch immer mit einer Heirath.*

Ein Brief, den Carl Christoph von Lengefeld am 24. September 1772, nach elfjähriger Ehe, von einer Dienstreise zum Jagdschloß Schwarzburg an seine Frau schrieb, wirft ein Licht auf die liebevolle Atmosphäre des Lengefeldschen Hauses: *Du bleibst ubrigen die alte christliche angenehme und verständige Louise, und wenn unsere liebe Mause so wie die alte gerathen und dencken werden, so wird sie Gott seegnen und die Welt hochachtung gönnen.*

Louise von Lengefeld hat sich mit einem für ihre Zeit nicht gewöhnlichen Eifer um die Erziehung ihrer Töchter gekümmert. Es freue ihn, daß die *Möpsgens* so schön Französisch lernten und daß Louise überhaupt *so große Sorge und Fleiß* anwende, *das Glück dieser lieben kleinen Geschöpfe in der Erziehung zu*

gründen, lobte sie ihr Bruder, doch nicht die »alte Maus«, *die christliche angenehme und verständige* Mutter, spielt in den Erinnerungen der Töchter die Hauptrolle, sondern der Vater. Caroline schrieb ihm das Hauptverdienst an der mütterlichen Erziehungsarbeit zu. *Der Vater wollte die Töchter besser unterrichtet sehen, als es in dem kleinstädtischen Wesen, das uns umgab, gebräuchlich war; und unsre Mutter, in deren liebenswürdiger Natur Empfänglichkeit für alles Schöne lag, die auch selbst eine bessere Erziehung genossen, ging ganz in seine Gesinnung ein.* Und Charlotte, die sich das zum Vorbild nahm, bestätigt: *sie liebte ihn mit Wärme und lebte ganz für ihn. Alles geschah für ihn, und um ihn lebten alle am liebsten. Er war heiter, gesprächig, hatte viel Witz, Lebhaftigkeit des Geistes und etwas Genialisches in seinem ganzen Wesen und Treiben. Meine Mutter nahm immer Antheil an seinen Beschäftigungen und entsagte gern den Vergnügungen ihres Alters, um sein Leben zu teilen. [...] Mittags freute ich mich immer an Tisch zu gehen; da saß mein Vater und erwartete uns, er konnte nicht allein gehen, und seine Jäger, deren er viele hatte, mußten ihn stets führen.*
Er war immer heiter und freundlich bei Tisch, erzählte uns lustige Geschichten, erkundigte sich nach unserem Fleiß, ließ sich auch oft von seinen Jägern erzählen, wie es in der Welt ging, die ihn interessierte. Er hatte die Wälder, die er meistens anlegte, mit Liebe gepflegt; jeder neu erworbene Baum vergrößerte sein Interesse. Ich hörte gar zu gerne zu, wenn solche Gespräche kamen, und dachte mir immer, wie es da und dort aussehen müßte.

Zahlreiche Schriften, die zu seinen Lebzeiten nicht gedruckt wurden, weisen Carl Christoph von Lengefeld als einen Pionier der damals noch in den Kinderschuhen steckenden Forstwissenschaft aus, von der »Nötigsten Wissenschaft eines Jägers« über »Anmerkungen von dem auf dem Thüringer Wald be-

Carl Christoph von Lengefeld.
Gemälde von J. Ch. Morgenstern, um 1750

kanntesten drei Arten Nadelhölzern, als der Tanne, Fichte und Kühnbaums« (Kiefer) bis zu »Zufälligen Gedanken vom lebendigen Ober- und Unterstamm oder Buschholz, wie solche anzubauen, einzuteilen, abzutreiben und zu nutzen« und anderem mehr. Sein sachverständiger Rat war auch bei anderen Fürsten sehr begehrt; gegen Ende des Siebenjährigen Krieges hat Friedrich II. ohne Erfolg versucht, ihn in preußische Dienste zu ziehen.

Rückblickend sahen beide Töchter im Vater den ersten großen Mann ihres Lebens. *Seiner klaren und weiten Weltansicht, die sich meist bei Tisch, wo er gerne lange saß, aussprach und die gar nicht im Lehrton, sondern im heitern Gespräch in uns überging, verdankten wir eine frühe Anregung [des Verstandes]. Wir lernten den Geist erkennen und schätzen, der alle Erscheinungen auf ihren Ursprung, auf ihren Grund zurückführt. Die Welt, die wir uns hinter unsern blauen Bergen dichteten, gewann im Lichtblick seines Verstandes feste Umrisse. Wir lernten zeitig fühlen, was wir suchen sollten. Ein Gefühl des wahren Werthes des Menschen; der männlichen Würde insbesondere, faßte Wurzel ins uns; denn die verehrte Gestalt des Vaters, die Festigkeit in Grundsätzen der Ehre und schöne Sitte ausdrückte, was ihr reines Abbild.*

Carl Christoph von Lengefeld starb am 3. Oktober 1775, wohl an den Folgen eines weiteren Schlaganfalls. Charlottes Kindheitserinnerungen brechen mit seinem Tod ab. *So lebte und trieb ich mein Wesen in engen Umgebungen bis in mein neuntes Jahr, wo unser guter Vater uns entrissen wurde.* Caroline freilich wollte das *unser* nur formal gelten lassen. Sie reklamierte den Vater als ihr Eigentum, um ihn Charlotte dann »in effigie« zum Geschenk zu machen. *Der Tod entriß uns den Trefflichen, als ich dreizehn Jahre alt war; die jüngere Schwester nahm aus meinem reiferen Anschauungsvermögen die Züge seines Bildes auf, das sich ihr unmittelbar noch nicht hatte einprägen können.*

Ancien régime

Als 1735 ein großer Teil des Renaissanceschlosses Heidecksburg niederbrannte, nutzte der damalige Fürst die Gelegenheit zu einem aufwendigen Neubau, dessen Dimensionen und prachtvolle barocke Innenausstattung ihn und seine Nachkommen über die geringe Bedeutung seines Duodezfürstentums hinwegtäuschen- und trösten konnten. Rudolstadt ist immer noch eher ein Schloß mit einer Stadt als eine Stadt mit einem Schloß, und das war natürlich erst recht im späten 18. Jahrhundert so. 1787 zählte man 509 Häuser und 4100 Einwohner, die fast alle vom und für den Hof lebten, die fürstliche Garde ebenso wie die 23 hochadligen Familien wie die etwa 200 Angehörigen des hohen und niederen Hofstaats, die Rechtsgelehrten (32), Ärzte (6), Geistlichen (10), Gelehrten (80!), die Künstler, Kaufleute und »Professionisten«, von den Apothekern (2) über die Huf- und Waffenschmiede (5) bis zu den Zinngießern (3) und dem einen Zuckerbäcker. Für den ertaubten Fürsten Ludwig Günther II. (1708-1790) (der eine kuriose Galerie von selbstgemalten Pferdebildern hinterließ), führte in dessen späteren Jahren Erbprinz Friedrich Carl (1736-1793) als Mitregent die Regierungsgeschäfte, überließ die eigentliche Arbeit allerdings seinen Räten vom Geheimen Consilium. Ein großes Licht war er nicht.

Von Erfurt, Weimar und Jena war Rudolstadt räumlich nur etwa 40-50 Kilometer, zeitlich jedoch Jahrzehnte entfernt. *Der Ort, wo wie lebten, war klein, der gesellschaftliche Ton so weit hinter andern Orten in der Nähe zurück, daß es einen späterhin dünkte, man sey fünfzig Jahre noch zurück in Allem, was gesellschaftliche Bildung betraf,* schrieb Charlotte. Eine Zeitreise mit Hilfe einiger Jahrgänge des Rudolstädter »Wochenblatts« macht das schnell anschaulich. Das »Feuilleton« brachte gefühlvolle oder humorige Gedichte, historische oder volkserzieherische Artikel, zum Beispiel zur richtigen Zahnpflege (*Das erste also muß seyn: daß man sich alle Morgens, entweder mit einem Schwamm und kalten Wasser, oder mit einer damit befeuchteten Serviette hinter die Ohren wäscht [...], da nicht zu läugnen steht, daß das Ohr mit dem Munde in genauer Verbindung steht*); und verbreitete gute Lehren:

> *An einen politischen Kannengießer*
> *Eh' du da schnackst, und dick mit Großvezieren-Stolz,*
> *Europens Gleichgewicht den Königen hilfst halten,*
> *Hilf lieber eine Klafter Holz*
> *Dem armen Nachbar spalten.*

Man hatte sein Interesse auf Lokales zu beschränken, die Lebensmittelpreise, wer in dieser Woche schlachtete, welcher Bäcker am Sonntag backen durfte, Verkaufsannoncen, Fundsachen, die Verordnungen der Regierung, die Geburtstage der Herrschaft (*Wohlthätig wie der Strahl der Sonne / Ist uns sein Vaterblik – / Noch lange sey Er unsre Wonne! / Noch lange unser ganzes Glück!*). Die wenigen, knapp gehaltenen Nachrichten aus der großen Politik, die der Redakteur des »Wochenblatts« nach unergründlichen Kriterien für seine Leser auswählte, waren meist im Konjunktiv gehalten – *In den Kayserl. Erbländern wären nunmehro der Judenschaft alle Jura civitatis verliehen* – was sie seltsam irreal erscheinen ließ, ganz anders als die *weißscheckigte Ente*, die der Frau Apothekerin letzten Dienstag entkommen war.

Für die Langeweile, die geistige Öde, die Rückständigkeit des Städtchens entschädigte die schöne Lage. *Dennoch erfrischte uns immerwährend der Zauber dieser Berge,* so Caroline. Wenn das steife Zeremonienwesen des Hofes auch antiquiert und lächerlich war, so waren sie und Charlotte doch nicht unempfänglich für seinen Glanz, gefiel es ihnen, zur besten Gesellschaft zu gehören. Charlotte spielte mit den Söhnen des Erbprinzen, Carl Christoph von Lengefeld trug Diamantringe und Röcke mit Goldborten, seine Frau ging in prächtigen, mit Spitzen geschmückten Roben zu Hofe. Und Provinz war auch damals schon vor allem eine geistige Standortbestimmung. Beide Schwestern haben schon früh mit Büchern gelebt. Als Caroline viele Jahre später einmal zu einem Besuch nach Rudolstadt kam und im »Löwen« abstieg, fand sie sich spätnachmittags – es war Oktober und schon früh dunkel – dem Haus (in der heutigen Schillerstraße) gegenüber, wo sie nach dem Tod des Vaters mit Mutter und Schwester und später mit ihrem Ehemann gewohnt hatte. *Ich sah ein kleines Erkerzimmer erleuchtet wo ich zuerst Romane laß. Emil[e], den Contrat social in den 80er Jahren. Das geistige Leben steht mir hell vor der Seele.*

Über Carolines inneres Leben wissen wir sehr viel, über Charlottes sehr wenig. Ihr Verhältnis zur Welt und zu sich selbst war anschauend, betrachtend, nicht fragend, forschend. *Ich beobachte mich so gern, wie so alles von außen auf mich wirkt; und die Saiten meiner Empfindung anschlägt.* Sie zeichnete gern. Caroline wollte mit dem *Lichtblick* des Verstandes zum Wesen der Erscheinungen durchdringen, und schon früh wurde sie sich selbst zum bevorzugten *Gegenstand der Contemplation.* Uns sind ungezählte Notizen, Entwürfe, Reflexionen überliefert, die davon zeugen. *Wenn alle Menschen so schnell von einer Empfindung zu andren übergehen als ich – welch ein unzuverlässiges*

Wesen ist da der Mensch (schrieb sie 1784). *An was ich heute mit Furcht und Angst denke, das wünsche ich morgen. Imagination – du gewaltige Gebieterin vieler meiner Handlungen, übst du allein über mich so uneingeschränkt deine Macht, oder gehen im Innern vieler Menschen so viele Verwandlungen vor als in mir? [...] Möchte ich mich abziehen können von sinnlichen Empfindungen; möchte meine Seele nicht ein See sein, in den jeder vorübergehende Gegenstand sich eindrückt...*

Einen festen Halt suchte sie im Ich-Ideal moralischer Schönheit und Größe, das ihr in einem literarischen Erweckungserlebnis offenbart wurde: *Keine Bücher haben je so einen Eindruck in meine Seele gemacht und sie gleichsam in eine andere Form geschmolzen, als Plutarchs Biographien und die Heloïse von Rousseau. [...] Welche süße Schauer, welch unbekanntes Gefühl durchdrang mich, als ich die starken Seelen von Plutarchs Helden kennen lernte. [...] Und ist nicht das Wesen der Tugend, eigentlich Kraft, sich größer als alle Dinge um uns her zu machen, sie zu tragen oder ihnen zu widerstehen? Ein heißes Streben zwang mein ganzes Wesen in die Höhe. Ich konnte nichts kleines in mir mehr leiden [...] Es war mir ein so süßes Gefühl mich größer machen zu können als die Gegenstände, unabhängig von allen zu sein und mein Glück allein in der Vervollkommnung meiner Seele, in der Übung ihrer Kräfte zu finden. Meine Eitelkeit und mein Streben nur bei denen etwas zu gelten, die um mich waren, nahm ab, ich wollte nur bei mir selbst etwas gelten, mit einem Wort, ich gelangte zu einer eignen Existenz.*

Hauch der Freiheit

Louise von Lengefeld hieß bei ihren Töchtern nur die *chère mère,* und dieser Name – die Liebe und Respekt bekundende Anrede im französischen guten Ton – wurde von vielen, die ihr oder ihnen nahestanden, übernommen, weil er so gut paßte. Nach der strengen Maxime »erlaubt ist, was sich ziemt« war sie für den Hof gebildet. In diesem Sinne erzog sie auch ihre Töchter, gegen den revolutionären Zeitgeist, der so vieles von dem prägte, was sie lasen und bewunderten. Auch Charlotte kritisierte Schiller gegenüber, daß ihre Erziehung allzusehr auf den Schein, die Form, die Sitte ausgerichtet gewesen sei, und allzuwenig auf das Sein, die Natur, die Wahrheit der Empfindungen, aber sie war ihrer Mutter ähnlich, und was Menschen trennt, sind nicht Meinungen, sondern Temperamente, wie der große Seelenkenner Joseph Conrad bemerkt hat. Carolines reizbares, veränderliches, schwärmerisches Wesen, ihr unpraktisches, untätiges Leben in Phantasiewelten und Zukunftsspekulationen, all das war Louise von Lengefeld ganz fremd und machte ihr angst.

Da ich so wenige Gelegenheit habe mit dir meine liebe Caroline allein zu sprechen, so will ich mich iezo der Feder bedienen um einiges mit dir zu reden und dir Gedancken mit theilen welche mir manches mal Sorge und Kummer machen, beginnt ein langes mütterliches Ermahnungsschreiben an die etwa Fünfzehnjährige, in dem sie nicht weniger als ihr Lebensglück einsetzte, um sie zur Änderung und Besserung zu bewegen: *Ich hofe gewiß Gott wird dich mir wieder ganz schencken, du hast mich ia von Jugend auf so zärtlich geliebt ia dein sanftes und gutes betragen gegen mich bey dem tode deines Vatters rühret mich noch im-*

Louise von Lengefeld, geb. von Wurmb.
Kreidezeichnung der Zeit

mer es machte mich damals so glücklich, ach laß es mich doch noch meine vieleicht kurze lebens Zeit seyn, so soll auch mein lezter Hauch angewendet werden für dich zu beten dir den Seegen des Himels zu erflehen, und als deine zartlichste Mutter und aufrichtigste Freundin zu sterben. Die sanfte erpresserische Gewalt, die aus diesem Brief spricht (er war nicht der einzige seiner Art), hat Folgen gehabt. Wenn Caroline später einmal notierte: *Es lag ein unversiegbarer Quell der Heiterkeit der Freude am Dasein in mir, ich hätte eines der glücklichsten Wesen werden können, und wurde sehr unglücklich,* kann man darin eine Anklage gegen die Mutter mitlesen. Nur ihr zuliebe, von ihr genötigt, will sie die Einwilligung zur Ehe mit einem ungeliebten Mann gegeben und damit eine für ihr ganzes Leben verhängnisvolle

Entscheidung getroffen haben, die sie zum Sündenfall ihrer Existenz dramatisierte: *Sich den Umarmungen eines Ungeliebten zu ergeben – davor erbebt die edle weibliche Natur.* Louise von Lengefeld konnte in ihrer Zustimmung wohl nur eine selbstverständliche Gehorsamspflicht erkennen. Die Mutter habe zu *Romanenhafte Ideen von dem Verhältniß der Kinder gegen Aeltern, und daher zuweilen Ansprüche auf uns […], die gar nicht in der Natur liegen,* hat Charlotte einmal bemerkt.

Caroline war 16 Jahre alt, als ihr der acht Jahre ältere Schwarzburg-Rudolstädtische Regierungsrat Friedrich Wilhelm Ludwig von Beulwitz als Ehemann bestimmt wurde. Es war eine von Louise von Lengefeld und dem Vater des Bräutigams arrangierte, für Caroline finanziell und gesellschaftlich sehr vorteilhafte Verbindung, deren Vollzug wegen ihrer Jugend noch ein paar Jahre verschoben wurde. Für Charlotte hatte die Mutter eine Stelle als Hofdame der Herzogin Louise von Sachsen-Weimar ins Auge gefaßt. *Damit meine Schwester sich für ihre nächste Bestimmung Fertigkeit in der französischen Sprache und Welttion erwürbe, beschloß meine Mutter, eine Zeit lang in der französischen Schweiz zu leben. Diese Reise entzückte unsern jugendlichen Sinn und durchwebte unser ganzes Leben mit lichten, schönen Bildern.* Daß ihr Verlobter diese Reise ermöglichte, sie an ihr Ziel begleitete und wieder nach Hause abholte, erwähnt Caroline nicht.

Die Schweiz war in der zweiten Hälfte des 18. Jahrhunderts ein Synonym für Natur und Freiheit. Als die Schwestern Lengefeld am 22. April 1783 um drei Uhr früh zu ihrer Reise aufbrachen, waren sie auf diese Werte gestimmt. Auf der Durchreise besuchten sie in Stuttgart ihre Tante Henriette von Wolzogen, die zu dieser Zeit Schiller in Bauerbach Asyl gewährte, und sahen sich die Sehenswürdigkeiten von Stadt und Umgebung an. Auch auf die Solitude fuhren sie, bewunderten die schönen Gartenanlagen und wurden mit Schillers Eltern und Schwestern bekannt gemacht. Vor ihrer Weiterreise nahm sie Frau von Wolzogen mit zu einem Besuch der Carlsschule, wo sie den Zöglingen beim Essen zusahen. Nach einem Bonmot Schillers öffneten sich gewöhnlich die *Tore dieses Instituts Frauenzimmern nur, ehe sie anfangen, interessant zu werden, und wenn sie aufgehört* hatten, *es zu sein*; es ist also nicht verwunderlich, daß sich Wilhelm von Wolzogen bei dieser Gelegenheit in seine Cousinen verliebte: *Seine Jugendträume blieben an unser Bild geheftet.* Charlotte fand die Einrichtung der Akademie *sehr hübsch*, wie sie in ihr Tagebuch eintrug. *Aber es macht einen besonderen Eindruck aufs freie Menschenherz, die jungen Leute alle beim Essen zu sehen. Jede ihrer Bewegungen hängt von dem Winke des Aufsehers ab. Es wird einem nicht wohl zu Muthe, Menschen wie Drahtpuppen behandeln zu sehen.*

Ein paar Tage später waren sie in der Schweiz, und sie konnte aufatmen: *Wie wohl wird einem nicht beim Gefühl der Freiheit! Der Despotismus verfinstert nicht die Herzen der Bewohner dieses glücklichen Landes.* Und Caroline: *Den 10. Mai betrat ich zuerst den geliebten, langersehnten Schweizerboden. Alles erschien mir schöner und herrlicher, wie vom Hauch der Freiheit angeweht, das Grün der Wiesen frischer, die Bäche klarer; die blühenden Bäume hoben ihr Haupt freier in die Luft.*

Sie blieben fast ein Jahr in Vevey am Genfer See, dem Schauplatz der »Nouvelle Héloïse«. Caroline fand in ihrem Französischlehrer einen Mann mit dem *Lichtblick des Verstandes*; die Grammatik, die ihr bis dahin *immer nur ein lockeres Wortverhältnis* und *gleich einer Rechnung langweilig* gewesen war, erschloß sich ihr als philosophische Disziplin, *Gegenwart Vergangenheit Zukunft in den Verbes*. Charlotte verliebte sich, wir wissen nicht in wen, und wollte schon bald nicht mehr Hofdame werden. Auf der Rückreise trafen sie in Mannheim Wilhelm von Wolzogen wieder, der inzwischen sein Studium abgeschlossen hatte und der Akademie entkommen war, und lernten die berühmte Schriftstellerin Sophie von La Roche kennen, die in ihrer Zeitschrift »Pomona für Teutschlands Töchter« das »Schreiben einer jungen Dame, auf ihrer Reise durch die Schweiz« abdruckte, Carolines literarisches Debüt. Eine kurze Begegnung mit Schiller machte weder ihm noch den Schwestern Eindruck. *Seine hohe, edle Gestalt frappirte uns; aber es fiel kein Wort, was lebhafteren Antheil erregte.* So Caroline.

Ihre Hochzeit mit Beulwitz wurde am 2. September 1784 gefeiert. Wahrscheinlich hat sie sich ihm schon bald entzogen, vielleicht unter dem schützenden Vorwand ihrer »Krankheit«, Anfällen von Krämpfen und Zuckungen, die in der Zeit ihrer Verlobung zum erstenmal aufgetreten waren und seitdem immer wiederkamen, vor allem in Konfliktsituationen. Man kann eine psychosomatische Störung vermuten, die sich auch in ihrer motorisch behindert wirkenden, großen, fahrigen, oft kaum leserlichen Schrift zu spiegeln scheint. Es hat wenig Sinn, nachzuweisen (wie es eine wohlmeinende Nachfahrin versucht hat), daß Beulwitz Carolines sich allmählich zum Widerwillen steigernde Abneigung nicht verdiente, sie selbst hat ihn zunächst einen *sehr graden, ehrlichen, edlen und verständigen Mann* genannt. Aber er paßte nicht zu ihren Träumen.

In den ersten Ehejahren scheint die »Frau«, wie Caroline in der Familie genannt wurde, noch ganz erträglich mit ihm zusammengelebt zu haben, vielleicht, weil sich äußerlich für sie nicht

Das Beulwitz-Lengefeldsche Haus in Rudolstadt.
Aquarell von P. Günther

viel änderte: Das Haus, in dem sie mit Beulwitz wohnte, war baulich verbunden mit dem dahinter liegenden Haus, in dem sie bisher mit Mutter und Schwester gelebt hatte. Sie führte einen vertrauten Briefwechsel mit Wilhelm von Wolzogen und schloß enge Freundschaft mit einer anderen Karoline, genannt Li, der Tochter des pensionierten Erfurter Kammerpräsidenten Karl Friedrich von Dacheröden.

Charlotte lernte im Spätsommer 1786 auf dem Landgut ihrer Patin Frau von Stein in Kochberg einen schottischen Offizier namens Henry Heron kennen. Die beiden verliebten sich ineinander und lasen zusammen englische Gedichte; als Heron dienstlich nach Ostindien abreisen mußte, erbat er sich Charlottes Porträt-Silhouette, die er, mit ihren Haaren umwickelt, um den Hals tragen wollte. Sein letzter Brief kam am 2. August

1787 aus Rotterdam. *O Erinnerung, du ein schöner Trost des Lebens! Umhülle mich mit deinem lichten Gewande; durch dich wird trübe Gegenwart helle!* schrieb sie etwas später in ihr Tagebuch.

Wir lebten nach der Rückkehr in unserm kleinen Thale, in welchem zu bleiben ich durch meine Verheirathung bestimmt war, in Erinnerungen, erzählt Caroline in der Schiller-Biographie, die sie lange nach dem Tod des Schwagers verfaßte. *Eine wehmütige Sehnsucht nach dem Genfer-See wandelte uns freilich oft an. Doppelt altmodisch und traurig schienen uns die geselligen Umgebungen. […] Damals ging noch keine Kunststraße durch dieß kleine Thal; ein Fremder war ein Phänomen, hinter den grünen Bergen. Oft erschienen wir uns selbst als verwünschte Prinzessinnen, auf Erlösung aus dieser Einförmigkeit hoffend […]*

An einem trüben Novembertage [Dezembertage] *im Jahr 1787 kamen zwei Reiter die Straße herunter. Sie waren in Mäntel eingehüllt; wir erkannten unsern Vetter Wilhelm von Wolzogen, der sich scherzend das halbe Gesicht mit dem Mantel verbarg; der andre Reiter war uns unbekannt und erregte unsre Neugier. Bald löste sich das Räthsel durch den Besuch des Vetters, der um die Erlaubniß bat, seinen Reisegefährten, Schiller, der seine verheirathete Schwester und Frau von Wolzogen in Meinungen besucht, am Abend bei uns einzuführen. Schillers Zukunft knüpfte sich an diesen Abend.*

Zwei Prinzessinnen, zwei Reiter, aber nur ein Prinz.

Samenkorn

Reif sein? Was bedeutet denn das? Sind wir denn nicht eigentlich erledigt, sobald wir reif wurden? Robert Walser, der in seinem »Hamlet-Essay« erklärt, weshalb *Reifsein etwas Nötigliches, also etwas ganz und gar nicht Wünschenswertes* sei, und den Zustand der Unreife viel interessanter fand, hat dem jungen Schiller und seinen Dramenhelden hellsichtige poetische Reflexionen gewidmet. *Ich hielt und halte es innerhalb meiner selber kaum aus,* läßt er Don Karlos in einem Gespräch von *Schillerfiguren* sagen, und Ferdinand (aus »Kabale und Liebe«) wendet sich an Karl Moor (aus den »Räubern«) mit den Worten: *Wir beide scheinen mit ähnlicher Jugendungestümkeit ausgestattet worden zu sein. Hinsichtlich idealischen Eifers gleichen wir einander wie ein Ei dem andern. Unsere Hauptaufgabe scheint darin zu bestehen, uns Geduld einzuprägen, die Wichtigkeit dieser Eigenschaft will von uns erfaßt sein.*

Dazu brauchte es vielleicht ein konkretes Ziel. Seit dem Besuch in Rudolstadt erscheint Schillers Vorgehen so planvoll, überlegt, vorsichtig, heimlich, geduldig wie nie zuvor. *Dem nächsten Frühling sei es aufbehalten, den schönsten meiner jetzigen Wünsche zu erfüllen und Sie mit Ihrer lieben Geselschaft in R[udolstadt] länger zu genießen,* schrieb er am 19. Dezember an Wilhelm von Wolzogen, der ihn gleich zu einem weiteren Besuch und Zusammentreffen bei Lengefelds aufgefordert hatte. Allerdings, als er seinem Verleger Göschen Ende Januar 1788 zur *schönen Veränderung* seiner bevorstehenden Hochzeit Glück wünscht – *Wahrlich es ist nicht gut daß der Mensch allein sei! –,* fügt er ungeduldig hinzu: *Wer weiß mein liebster Freund ob ich Ihnen binnen einem Jahre nicht auch Gelegenheit gebe, mir die*

Gratulation heim zu geben, die ich aus brüderlichem Herzen Ihnen jetzo mache.

Am 5. Februar trifft er auf einer Redoute ganz unerwartet Charlotte von Lengefeld wieder, die zur Ballsaison für einige Wochen nach Weimar gekommen ist und bei einer guten Bekannten wohnt. Als er Körner zwei Tage später schreibt, *Nachts um halb vier Uhr*, nachdem er gerade ein Paket mit dem Manuskript für die ersten Bogen seiner »Niederländischen Rebellion« für Crusius fertiggemacht hat, sagt er davon nichts, erklärt nur, er habe durch Nachtarbeit die Zeit wieder einbringen müssen, die er in dieser Woche durch Gesellschaften und Redouten (»Mummen- oder Larventanz« verdeutscht Petris »Fremdwörterbuch«) versäumt habe. *Die hiesigen Redouten sind recht artig, und durch die große Anzahl der Noblesse und den Hof nicht so gemein wie die Dresdner. Ich habe mich recht gut darauf befunden, woran wohl auch die größere Anzahl meiner hiesigen Bekannten schuld sein mag.* Charlotte von Kalb werde Körner demnächst auch wieder schreiben. Und einen Brief später beteuert er in aufgesetzter Munterkeit: *Eine Frau habe ich noch nicht; aber bittet Gott, daß ich mich nicht ernsthaft verplempere.*

Am 18. Februar – Weimar ist tief verschneit – lädt Charlotte von Lengefeld Schiller mit sanftem Vorwurf zu einem Besuch ein: *Ich sah Ihnen recht lange nicht.* Wahrscheinlich hat er sich sofort zu einer Antwort hingesetzt, die sie davon überzeugen soll, daß er sie liebend gern öfter gesehen hätte, obwohl er ihr nicht sagen darf, was ihn davon abgehalten hat. *Mein Auffenthalt in Rudelstadt, (worauf ich mich freue, wie ich mich noch auf wenige Dinge gefreut habe) soll mich für das Versäumte schadlos halten, wenn anders eine Versäumniß von d i e s e r Art nachgeholt wer-*

den kann; und alsdann, g[nädiges] Fräulein, hoffe ich Sie auch zu überzeugen, wie wenig meine bisherige seltene Erscheinung bei Ihnen der Unfähigkeit zuzuschreiben ist, den Werth Ihres Umgangs zu empfinden. Ich fühle daß dieses Billet Ihnen nicht ganz verständlich seyn wird … Während er noch schreibt, zieht ihn das Geräusch eines Schlittens ans Fenster – *und wie ich hinaussehe sind Sie's. Ich habe Sie gesehen und das ist doch etwas für diesen Tag.*

Der Grund für seine Zurückhaltung ist Charlotte von Kalb, die nichts von seinem Interesse für das Fräulein von Lengefeld merken soll. Auch Körner nicht, der mittlerweile aus einer *guten Quelle* gehört hat, Schiller werde sich demnächst mit einer Honoratiorentochter aus Weimar verheiraten, und deswegen ziemlich sauer ist. *Glaube mir, Deine Quelle ist schlecht, und ich bin von etwas wirklichen dieser Art so weit entfernt, als nur jemals in Dresden,* versichert Schiller ihm am 6. März, Wahrheit und Lüge elegant miteinander verwebend. *Wenn e i n Mensch so etwas von mir wüßte, so würdest D u es sein […] Neuerdings ließ ich zwar ein Wort gegen Dich fallen, das Dich auf irgend eine Vermuthung führen könnte – aber dieses schläft tief in meiner Seele, und Charlotte selbst, die mich fein durchsieht und bewacht, hat noch gar nichts davon geahnet.*

Um offener mit beiden Charlotten umgehen zu können, versucht er, sie einander näherzubringen und ihre Freundschaft zu befördern. Nachdem die Kalb am 13. März ins unterfränkische Waltershausen, den Stammsitz ihrer Familie, abgereist ist, meldet Schiller nach Dresden, ihre Abwesenheit mache ihn jetzt manchmal zum Einsiedler; und Körner müsse eine übereilte Heirat wirklich nicht fürchten, die Wielandsche Tochter sei so gut wie versprochen.

Einsiedler? Immerhin ist Lotte von Lengefeld noch in Weimar, die Schiller nun ziemlich oft sieht, und schon mit besitzergreifender, eifersüchtiger Sorge. *Glücklich macht die Gattin nicht, / Die nach Siegen trachtet...* Für seinen Geschmack findet sie zuviel Gefallen an gesellschaftlichen Vergnügungen, am Hofleben, an *Assembleen und Bällen*. Brieflich hält er ihr deswegen eine kleine Predigt, die er ihr, zu warnenden Versen umgegossen, am 3. April ins Stammbuch schreibt:

> *Ein blühend Kind, von Grazien und Scherzen*
> *umhüpft – so, Lotte, spielt um dich die Welt,*
> *Doch so, wie sie sich mahlt in D e i n e m Herzen,*
> *In D e i n e r Seele schönen Spiegel fällt,*
> *So ist sie doch nicht!*

Auf der Seite davor hatte am 11. März Charlotte von Kalb die ahnungslosen Zeilen eingetragen:

> *Da nimm die Hand! am Lebensufer blühen*
> *Uns spät noch Blümchen, und kein bittrer Schmerz*
> *Soll unsern Gang mit Wolken überziehen,*
> *Nichts trüben unser Herz.*
>
> *Wann spät am Abend uns die Händ' entsinken,*
> *Und kühle Grabes Lüfte um uns wehn,*
> *Dann laß uns sterbend noch einander winken:*
> *Uns drüben bald zu sehen!*

Charlotte von Lengefeld an Schiller, Sonnabend, den 5. April 1788:
Eben erhalte ich vor einigen Stunden, die nachricht, daß eine Gelegenheit von Rudolstadt hier ist, und da wünschen meine Mut-

ter, und Schwester daß ich mit käme! um ihnen freude zu machen, muß ich doch die meinigen aufopfern, denn ich fühle es wohl daß sie mich gern um sich haben. Ich reise morgen mittag also ab, aber mit einen schweren Herzen, da sich zumal die freundliche Aussicht, meine Charlotte Kalb wieder zu sehn, mir zeigte. Und auch Sie verlaße ich ungern, denn Ihr Umgang (ich mag nicht Freundschaft sagen weil Sie das wort nicht gern haben) hat mir manche freude verschaft [...] Leben Sie wohl! recht wohl, wenn ich Sie hier nicht mehr sehen soll, und denken Sie meiner, ich wünschte daß es oft geschähe. Sagen Sie der lieben Kalben, was Sie nur schönes sich ausdenken können von mir, und kommen doch so bald als möglich zu uns. adieu adieu.

Lotte Lengefeld.

Schiller antwortet am gleichen Tag.
Sie werden gehen liebstes Fräulein und ich fühle daß Sie mir den besten Theil meiner jetzigen Freuden mit sich hinweg nehmen. Daß Sie nicht bleiben konnten, wußte ich; ich habe mir dieses schon so oft gesagt, daß es mich nicht mehr überraschen sollte und doch thut es das. So wenige Augenblicke Ihres Hierseyns auch die meinigen waren und die meinigen seyn konnten, so war mir Ihr Hierseyn doch schon an sich allein ein Vergnügen und die Möglichkeit, Sie alle Tage zu sehen, ein Gewinn für mich. Ihre Abreise bringt mich um alles dieses. Aber Sie gehen auch ungern – und beynahe hätte mich das gefreut. Sie glauben doch nicht im Ernste, daß ich dem Worte Freundschaft gram sey? Nach dem, was ich Ihnen freylich hie und da vom Mißbrauch dieses Nahmens mag gesagt haben, klingt es vielleicht stolz, wenn ich bey Ihnen darauf Anspruch mache – aber der Nahme soll mich nicht stören. Laßen Sie das kleine Saamenkorn nur aufgehen; wenn die Frühlingssonne darauf scheint, so wollen wir schon sehen, welche Blume daraus werden wird. Meinem hiesigen Umgang mit Ihnen

hat Ihre Güte seinen besten Werth gegeben; ich fühle selbst recht gut, wie zusammengebunden und zerknickt ich oft gewesen bin. Viel m e h r e r s bin ich nun wohl nicht, aber doch um etwas weniges beßer, als ich während der kurzen Zeit unsrer Bekanntschaft und bey den Außendingen die uns umgaben, in Ihren Augen habe erscheinen können. Eine schönere Sonne, hoffe ich, wird etwas beßeres aus mir machen, und der Wunsch, Ihnen etwas seyn zu können, wird dabey einen sehr großen Antheil haben. Auch in Ihrer Seele werde ich einmal lesen, und ich freue mich im voraus, bestes Fr[äulein], auf die schönen Entdeckungen die ich darinn machen werde. Vielleicht finde ich, daß wir in manchen Stücken mit einander sympathisieren, und das soll mir eine unendlich werthe Entdeckung seyn. Sie wollen also, daß ich an Sie denken soll; dieses würde geschehen seyn, auch wenn Sie es mir verboten hätten. Meine Phantasie soll so unermüdet seyn, mir Ihr Bild vorzuführen, als wenn sie in den 8 Jahren, daß ich sie den Musen verdingt habe, sich nur für dieses Bild geübt hätte. Ich werde Sie an jedem schönen Tage unter freiem Himmel wandeln sehen, und an jedem trüben auf Ihrem Zimmer – vielleicht denken Sie dann auch meiner […]

Frau von Kalb wird um so mehr klagen, Sie nicht mehr hier zu finden, wenn Sie hört, wie nahe sie dabey war. Leben Sie also recht wohl bestes Fräulein, erinnern Sie Sich manchmal und gerne daran, daß hier jemand ist, der unter die schönsten Zufälle seines Lebens zählt, Sie gekannt zu haben. Noch einmal leben Sie recht glücklich.

[…] Ihrem Hause empfehlen Sie mich recht schön und suchen Sie zu machen, daß ich da ein wenig willkommen bin.   Adieu. Leben Sie recht wohl.

Schiller.

Sommer

*So geht es im menschlichen Leben, man nimmt sich vor, sich und
andern eine vergnügte Stunde zu machen, und in dem nehmli-
chen Augenblik wird man durch traurige Begegnisse von seinem
Endzweck abgezogen*, schrieb im April 1788 der 20jährige Prinz
Ludwig Friedrich von Schwarzburg-Rudolstadt nach dem Tod
einer Tante in sein Tagebuch. Als Protokoll seines beständigen
Kampfes gegen die Langeweile verzeichnet es j e d e sich bie-
tende Abwechslung.

Am 2. Januar die Einrichtung eines Arbeitssaales im Waisen-
haus, *worinnen alle müßig bettelnde und Arme von jedem Alter
unter der Aufsicht des Waisenvaters nähen und spinnen müssen,
wodurch der so überhand nehmenden Bettelei sehr gesteuert
wird.*
Am 1. Februar *machte Plasigo, ein kleiner schnackischer Portu-
giese seine Kunststücke bei Hof, mit sehr vieler Geschwindigkeit.*
Am 16. Februar sah er von einem Fenster-Logenplatz im Haus
des Steuerrats Bergmann einem Spießrutenlaufen zu. *Einem
Kerl, mit Namen Neubert, der unter einer grosen Spitzbuben-
bande gewesen war, wurde, in einem Kreis von 50 Mann Landmi-
liz, sein Urtheil vorgelesen, und so dann durch die Stadt durch,
auf dem blosen Rücken, der Staubbesen gegeben. H[err] Pascha
sagte es wär eine sehr kalte Promenade, Es war auch wirklich sehr
kalt. Der arme Sünder war halb erfroren, ehe er zur Stadt hinaus
kam. Viele tausend Menschen begleiteten ihn.*
Am 3. März ließ sich ein Virtuose aus der Kapelle des Fürsten
von Esterházy auf dem *Paridon* hören.
Regelmäßig besuchte er die französische Gesellschaft, die beim
Hofrat von Beulwitz zur Übung in der französischen Sprache

Ludwig Friedrich Prinz von Schwarzburg-Rudolstadt.
Gemälde von R. Oppenheim

zusammenkam und französische Komödien einstudierte. Jedes deutsche Wort kostete einen Pfennig.

Am 2. Mai, *einem ganz herrlichen FrühlingsTag*, kamen alle Mitglieder im Beulwitzschen Garten zusammen, *wo M[onsieu]r Gamba vorlas, unterdessen ich die Frl. Lottchen von Lengefeld abzeichnete.*

Am 20. Mai besuchte er mit seiner Familie (sogar der taube Großvater kam mit) *sehr sehenswürdige Thiere* im Hof des Gasthofs »Adler«. *Eine dicke, schön gepuzte, wohl geschminkte Frau, die an der einen Seite ein Uhr, und an der andern eine Pritsche hängen hatte,* zeigte ihnen *einen Löwen, einen Tieger, eine Hiene, einen Strauß, einen Pavian und noch andre Affen.*

Am 29. Mai macht der Prinz *wieder eine neue Bekanntschaft mit einem jungen Gelehrten, der so jung als er ist doch schon vieles lesens würdige geschrieben hat, mit dem H[errn] Rath Schiller. Er war im Beulwitzischen Garten, wo ich bis ein viertel auf 11 Uhr des Abends in einer vergnügten Gesellschaft, den angenehmen Geruch der schönen Baumblüthen genoß.*

Ein paar Tage zuvor war Schiller in eine *sehr bequeme, heitere und reinliche Wohnung* im Haus des Lehrers und Kantors Unbehaun im nahen Volkstedt gezogen, die ihm Charlotte mit Liebe und Umsicht ausgesucht hatte. Schiller würde dort ungestört von neugierigen Besuchern in Ruhe arbeiten können, und die Lage des Dorfes war schön, *am Ufer der Saale, hinter ihm erheben sich Berge, an deren Fuß liebliche Fruchtfelder sich ziehen, und die Gipfel mit dunklen holze bekränzt, gegen über an der andern Seite der Saale schöne Wiesen, und die Aussicht in ein weites langes thal. Ich denke diese Gegend wird Ihnen lieb sein [...] Die Stube, die ich für Sie bestimmte, ist nicht sehr groß, aber reinlich, auch die Stühle sind nicht ganz ländlich, denn sie sind beschlagen, eine Kammer daneben, wo das Bette stehen kann, und auch eine für den Bedienten nicht weit davon.* Ginge es nicht manchmal um die Besorgung von Unterkunft und Schlafplätzen, so erführen wir meist gar nichts von der Schattenexistenz der miserabel bezahlten Dienstboten, die sich auch ein Schriftsteller mit Schulden leisten konnte.

Die Geschichte des langen Sommers, der mit Schillers Ankunft am 19. Mai begann, ist so unlösbar mit ihren Schauplätzen verbunden, daß ich sie mir manchmal als Film vorstelle. Er müßte mit einem Panoramablick beginnen, Flußtal, Berge, Wälder, das helle Schloß über dem Städtchen. Das Beulwitz-Lengefeldsche Zwillingshaus, die Wohnstube, Charlottes Zimmer, Caro-

Schillers Wohnung in Volkstedt. Lithographie, 1859

lines Zimmer. Die Kirche, der fürstliche Baumgarten am Fuße der Heidecksburg. Frau von Lengefelds großer Garten im englischen Stil mit dem von Pappeln umstandenen grünen Pavillon. Schillers Logis in Volkstedt, die Ausflugsorte in der Umgebung. Der Saaledamm zwischen Volkstedt und Rudolstadt, die Brücke, wo die Schwestern Schiller oft erwarten, wenn er, meist am späten Nachmittag, zu ihnen kommt. Charlotte dunkellockig, schlank, etwas größer als die blonde, rundliche Caroline. Schiller, groß, hager, hält sich etwas steif, hat rotblonde Haare, ein blasses Gesicht mit kühn hervorspringender Nase. Es wird viel Musik gemacht in diesem Sommer-Film, gesungen, Klavier gespielt (Zeitgenössisches von Haydn und Mozart), viel geredet, thüringisch, schwäbisch, französisch, und noch mehr verschwiegen, Zukunftsängste, Unsicherheit, Zweifel, Sorgen, Ungeduld, Ärger, Eifersucht, Hoffnungen, Wünsche, Verlangen, Sehnsucht. Eine knappe halbe Stunde trennt sie voneinander, das ist nicht viel und doch schon zu lang.

Charlottes erster Blick am Morgen gilt dem Wetter, das wie ein Gott über ihre Begegnungen entscheidet; ein Botenjunge trägt – manchmal mehrmals täglich – als »postillon d'amour« Billette zwischen Rudolstadt und Volkstedt hin und her.

Charlotte an Schiller, zwischen dem 20. und 24. Mai:
Ich hoffe Sie sind gestern Abend gut nach Hause gekommen. morgen früh geht der Bote nach Weimar, haben Sie etwas zu bestellen, so müßen Sie es den Abend ihm schicken. Ich denke Sie doch noch zu sehn heute, denn der Himmel wird sich aufhellen wie gestern, ich wäre sonst dem trüben tage noch einmal so gram, denn ich liebe ihm so nicht, er erinnert zu sehr, daß wir in einen unfreundlichen Clima leben, und macht den blick nach beßren Gegenden wenden, wo die lüfte sanfter wehen.

Schiller an Charlotte:
Eben erst bin ich mit gegenwärtigem Briefe fertig, den ich Sie recht schön bitte, dem Weimarischen Boten zustellen zu lassen. Jetzt ist es auch zu spät, Sie noch zu besuchen. Recht schönen Dank für Ihr liebes Andenken. Haben Sie Geduld mit diesem trüben Tag. Die schönen werden uns desto werther sein. Möchten Sie doch einen recht vergnügten Abend haben. Ich weiß noch nicht, wie ich den meinigen werde los werden. Schlafen Sie recht wohl!

Schiller an Caroline, Montag, den 26. Mai:
Ich hoffe, daß Ihnen allen die gestrige Parthie so gut bekommen sey wie mir. Es war ein gar lieblicher, vertraulicher Abend, der mir für diesen Sommer die schönsten Hoffnungen gibt. Mehr solche Abende und in so lieber Gesellschaft – mehr verlange ich nicht. Rudolstadt und diese Gegend überhaupt soll, wie ich hoffe, der Hayn der Diana *für mich werden, denn seit geraumer Zeit geht mirs wie dem Orest in Göthens Iphigenia, den die Erennyen*

Friedrich Schiller um 1780. Ölbild,
Jakob Friedrich Weckherlin zugeschrieben

herumtreiben. Den Muttermord freilich abgerechnet und statt
der F u r i e n – etwas anders gesetzt; das am Ende nicht viel beßer
ist. Sie werden die Stelle der wohlthätigen Göttinnen bey mir ver-
treten und mich von den bösen Unterirrdischen beschützen.

Charlotte an Schiller, Dienstag, den 27. Mai 1788. *Gegen 10 Uhr.*
Guten Morgen! Sie sind doch heute heiter und froh? Ich hoffe es
und wünsche es herzlich; denn die Ruhe meiner Freunde trägt
auch zu der meinigen bei, und ich möchte immer, daß meine
M o r a l e n bei jedem tief eindringen könnten (denn Sie haben be-
merkt, daß ich es gut kann). So müßte alles um mich her mit dem
Glanz der Heiterkeit glänzen und jedes mit starkem Muthe sich
die Wolken von der Stirn jagen können, so wie gestern der liebli-
che Wind die Gewitterwolken vertrieb. Ich habe mich an den Blit-

zen lange ergötzt. – Doch ich kam ganz von dem ab, was Sie wis-
sen sollen. Erstlich denn, wir schreiben heut an Wolzogen. Haben
Sie uns vielleicht einen Einschluß oder Auftrag zu geben? Zwei-
tens, Sie kommen doch heute noch?

Seit acht Tagen sei er nun hier, *in einer sehr angenehmen Ge-*
gend, hatte Schiller am Tag zuvor aus Volkstedt an Körner geschrieben. *Das Dorf liegt in einem schmalen aber lieblichen*
Thale, das die Saale durchfließt, zwischen sanft ansteigenden
Bergen. Von diesen habe ich eine sehr reizende Aussicht auf die
Stadt, die sich am Fuße eines Berges herumschlingt, von weitem
schon durch das fürstliche Schloß, das auf die Spitze des Felsen ge-
pflanzt ist, sehr vortheilhaft angekündigt wird, und zu der mich
ein sehr angenehmer Fußpfad, längs des Flusses, an Gärten und
Kornfeldern vorüberführt. Er hat sich vieles zum Lesen mitge-
nommen – leider wird er pro Tag nicht mehr als höchstens drei
Stunden Zeit zur Lektüre haben – und möchte den Sommer
über gern mit einigen Arbeiten *zu Stande kommen*: mit der Erzählung »Der Geisterseher«, von der er bisher (in großem Ab-
stand) zwei Fortsetzungen in seiner Zeitschrift »Thalia« veröf-
fentlicht hat; mit dem zweiten Teil seiner »Niederländischen
Rebellion« und dem Rest des ersten; vielleicht ein Theaterstück
und *hier und da* ein Aufsatz für Wielands »Teutschen Merkur«.
Aus dem bisherigen Lauf meiner Schreibereien zu schließen,
dürfte dieses Unternehmen wohl fast übertrieben sein. In der
Stadt habe er *an der Lengefeldschen und Beulwitzschen Familie*
eine sehr angenehme Bekanntschaft, […] Doch werde ich eine
s e h r n a h e Anhänglichkeit an dieses Haus, und eine aus-
s c h l i e ß e n d e an irgend eine einzelne Person aus demselben,
sehr ernstlich zu vermeiden suchen. Es hätte mir etwas d e r Art
begegnen können, wenn ich mich mir selbst ganz hätte überlassen
wollen. Aber jetzt wäre es gerade der schlimmste Zeitpunkt, wenn

73

ich das bischen Ordnung, das ich mit Mühe in meinen Kopf, mein Herz und in meine Geschäfte gebracht habe, durch eine solche Distraction wieder über den Haufen werfen wollte. Er ist also schon dabei, den Faden seiner Empfindung zu trennen und zu teilen.

Schillers Aufenthalt auf dem Lande sei sehr nach seinem Sinne, antwortet Körner knapp. *Freilich ist's für Deine Arbeiten besser, wenn Du eine ausschließende Anhänglichkeit an irgend ein Wesen in der Nähe vermeiden kannst.* Ob Schiller es mit der Lektüre nicht etwas übertreibe? Vielleicht schade sie ihm mehr als sie ihm nütze? *Ich habe mehr gelesen, als Du; aber vielleicht hätte ich mehr Talent zu eigener Schöpfung, wenn meine Kräfte bei dem trägen Genuß fremder Geistesproducte nicht erschlafft wären. Ich komme immer darauf zurück, daß Du nicht berufen bist, ein Gelehrter, sondern ein Künstler zu sein.*

Aus Weimar kommt wissende Post von Wieland: *Sie sind also in Ihrem selbst gewählten Pathmos glücklich angelangt, mein liebster Schiller, und gefallen sich da? Quod felix faustumque sit! und mögen Ihnen auch, wie dem heil[igen] Johannes Theologus, – nur nicht ganz in seiner Manier – hohe Offenbarungen daselbst zu Theil werden!!*

Der alte Wieland habe ihm *einen sehr jovialischen Brief* geschrieben, meldet Schiller den Schwestern am 5. Juni. Er leidet noch an den Nachwirkungen einer ziemlich heftigen Grippe mit Schnupfen und Fieber, die er sich vielleicht im feuchten Saalegrund auf dem nächtlichen Rückweg von Rudolstadt nach Volkstedt geholt hat. *Aus Leipzig habe ich neue Bogen von meiner Geschichte der V[ereinigten] Niederl[ande] erhalten, die ich Ihnen vielleicht morgen (weil sie mir erlauben zu kommen) mittheilen werde. [...]*

Charlotte Schiller, geb. von Lengefeld.
Ölgemälde von Ludovike Simanowiz, 1794

Mögen Sie recht sehr vergnügt seyn biss Morgen. Glauben Sie mir meine theuersten, daß auch m i r der Gedanke, Sie so nahe zu wißen ohne unter Ihnen seyn zu können unleidlich war. Sie sind meinem Herzen schon so viel – und der Winter wird sobald da seyn!

Charlotte an Schiller, Freitag, den 6. Juni 1788:
Es ist mir leid, daß Ihnen nach dem gestrigen Ausgang nicht wohl war; billig hätten Sie für die angenehmen Stunden, die Sie uns gaben, nicht leiden sollen heute früh. – Ich habe die ganze Nacht von Wilhelm von Oranien geträumt. – Da das Wetter noch so wenig milde ist, so ist's wohl Ihrer Gesundheit zuträglicher, daß ich Sie heute nicht sehe, aber lieb ist's mir nicht. Wir haben unsre ziemlich unbedeutende französische Gesellschaft; wie es da zugehen wird weiß der Himmel! Wir wollen Ihrer recht oft denken. Adieu.

Schillers Zustand bessert sich, wie das Wetter. Er macht lange Spaziergänge, badet regelmäßig in der Saale, steigt *als Freund von schönen Ansichten* mit dem Prinzen Ludwig Friedrich auf den Schloßturm, unternimmt in wechselnder Gesellschaft Ausflüge in die Umgebung, zu den umliegenden Schlössern, zur Klosterruine von Paulinzella. Ab und zu kommen Besucher, Goethes Freund Knebel, der eine Schwäche für Lotte hat, Frau von Stein, Wilhelm von Wolzogen, der der französischen Gesellschaft bei der Aufführung einer Komödie als Spielleiter zur Hand geht. *Das Theater war in dem Gartenhauß der Frau von Lengefeld,* notiert der Prinz. *Das Stück, das wir spielten, war aus den Werken des Voltaire genommen, und l'eccossaise überschrieben. Ich spielte die Rolle des Monrose. Der H[err] von Wolzogen gab das Theater an; auch sah der H[err] Rath Schiller mit zu.*

Am 14. Juni trifft ihn der Prinz bei einer vergnügten Gesellschaft im Baumgarten. *Die Frau von Lengefeld hatte mit ihrer Familie und noch mit anderen Dames [...] da gegessen. [...] Es wurde gesungen, auf dem Schiffchen gefahren und spazieren gegangen. Erst nach 11 Uhr ging die ganze Gesellschaft mit uns [...] auf den Schloßberg hinauf, u. sodann in die Stadt nach Hauße.*

Für den 17. Juli vermerkt er ein *gewaltiges Gewitter, das gegen Morgen um halb 4 Uhr in den Stadtkirchenthurm einschlug.*

Am 19. Juli besucht er Lengefelds. *Ich zeichnete mit der Frau Hofräthin. Der H[err] von Ketelhodt las uns in der neuen Geschichte des Herrn Schillers vor. Gegen Abend trat der Verfasser dieser Geschichte zur Thür herein, und lud die Gesellschaft zu einem Spaziergang ein. Wir gingen über den Damm in die Stadtkirche und sahen die Verwüstungen, die durch das Gewitter entstanden. Auch wallfahrte H[err] Schiller als guter Geschichtschreiber zu dem Grabe der heldenmüthigen Catharina.*

Die wohl berühmteste, ehrenvollste Episode der Rudolstädter Geschichte! Die auf der Heidecksburg lebende, verwitwete Gräfin Catharina von Schwarzburg soll einst in den Schmalkaldischen Kriegen dem *fürchterlichen Herzog von Alba* mutig und erfolgreich entgegengetreten sein, als durchziehende spanische Soldaten ihre Untertanen gegen das Versprechen ihres Generals ausplünderten und ihr Vieh wegtrieben. Sie erfuhr davon, als der Herzog mit seinem Gefolge bei ihr auf dem Schloß zu Gast war. *Aufs äusserste über diese Wortbrüchigkeit entrüstet, doch von ihrer Geistesgegenwart nicht verlassen, befiehlt sie ihrer ganzen Dienerschaft sich in aller Geschwindigkeit und Stille zu bewaffnen, und die Schloßpforten wohl zu verriegeln; sie selbst begiebt sich wieder nach dem Saale, wo die Fürsten noch bey Tische sitzen. Hier klagt sie ihnen in den beweglichsten Ausdrücken,*

Caroline von Wolzogen, geb. von Lengefeld.
Ölgemälde von Philipp Friedrich Hetsch, um 1800

was ihr eben hinterbracht worden, und wie schlecht man das gegebene Kaiserwort gehalten. Man erwiedert ihr mit Lachen, daß dies nun einmal Kriegsgebrauch sey, und daß bey einem Durchmarsch von Soldaten dergleichen kleine Unfälle nicht zu verhüten stünden. »Das wollen wir doch sehen, antwortete sie aufgebracht. Meinen armen Unterthanen muß das ihrige wieder werden, oder bey Gott! – indem sie drohend ihre Stimme anstrengte, F ü r s t e n b l u t für Ochsenblut!«

So Schiller in einer, mit seiner »Niederländischen Rebellion« lose verbundenen historischen Miszelle, »Herzog von Alba bey einem Frühstück auf dem Schlosse zu Rudolstadt im Jahr 1547«, die in Wielands »Teutschem Merkur« erschien. Die Quellen dazu fand er in der Bibliothek des Rudolstädter Kanzlers und eigentlichen Landesregenten Carl Gerd von Ketelhodt.

Schiller hat ihn in einem Brief an Körner karikiert als *eine groteske Species von Menschen, und eine monströse Composition von Geschäftsmann, Gelehrten, Landjunker, Galanthomme und Antike. Als Geschäftsmann soll er vortreflich seyn und dabey tragen wie ein Esel; sein größter Anspruch geht aber auf gelehrte Wichtigkeit.* Selbst über Ketelhodts prächtige und reichhaltige Bibliothek äußerte er sich herablassend, fügte aber hinzu, er würde sie trotzdem *fleißig besuchen, wenn der Wirth zu vermeiden wäre. Aber zum Unglück ist er äuserst eitel, besonders auf gelehrte oder gar berühmte Bekanntschaften, und man wird ihn nicht los. Nachdem er in Erfahrung gebracht hat, daß ich seine Bibliothek gelobt habe mußte ich ein Souper bey ihm aushalten, und er ließ meinen Burschen von der Gaße auffangen, mich nach Volkstädt mit Wein zu regaliren.* Hochmut gegen Hochmut, ein Jahr vor der Französischen Revolution. (Wenige Jahre danach, um 1792, kursierten in Rudolstadt Flugblätter, die die Absetzung von Ketelhodt, seinen Verwandten – und Beulwitz forderten: *die müssen fort.*)

Im gleichen Brief (vom 27. Juli) schreibt Schiller, er befinde sich in Rudolstadt *noch immer ganz vortreflich wohl.* Die Gesellschaft sei so anziehend, daß er weniger Zeit am Schreibtisch verbringe, als er eigentlich wolle. *Wir sind einander hier nothwendig geworden, und keine Freude wird mehr allein genoßen. Die Trennung von diesem Hause wird mir sehr schwer seyn, und vielleicht desto schwerer, weil ich durch keine leidenschaftliche Heftigkeit sondern durch eine ruhige Anhänglichkeit, die sich nach und nach so gemacht hat, daran gehalten werde. Mutter und Töchter sind mir gleich lieb und werth geworden und ich bin es ihnen auch. Es war recht gut gethan, daß ich mich gleich auf einen vernünftigen Fuß gesezt habe, und einem ausschließenden Verhältniß so glücklich ausgewichen bin.*

Ausgewichen? Hat Schiller also alles im Griff? Skepsis ist erlaubt. Die Schwestern haben ihn im Griff, und die Liebe macht sie zu Verschworenen. Die eine (Charlotte) ist hübscher, die andere klüger und unterhaltender, die eine ist unschuldig, die andere erfahren, die eine …, die andere …
Beide Schwestern haben etwas Schwärmerei […], doch ist sie bei beiden dem Verstande subordiniert und durch Geistescultur gemildert. Die jüngere ist nicht ganz frey von einer gewißen Coquetterie d'esprit, die aber durch Bescheidenheit und immer gleiche Lebhaftigkeit mehr Vergnügen gibt als drückt. Ich rede gern von ernsthaften Dingen, von Geisteswerken, von Empfindungen – hier kann ich es nach Herzenslust, und ebenso leicht wieder auf Possen überspringen.

Ein Autor und (seine) Leserinnen! Was sie immer stärker an-einander bindet, sind die vielen Stunden gemeinsamer Lek-türe, »en famille«, und manchmal auch zu dritt. Schiller, der stark schwäbelt, liest ihnen in seinem exaltierten Vortragsstil vor, aus fremden und eigenen Werken. Seine vom Bazillus der Revolution befallene »Geschichte des Abfalls der vereinigten Niederlande von der Spanischen Regierung« ist das Buch die-ses Sommers, auch für die nichtsahnenden Rudolstädter Hof-beamten, die sich rein historisch für *eine der merkwürdigsten Staatsbegebenheiten* des 16. Jahrhunderts interessierten, wäh-rend Charlotte wohl eher den Verfasser in seinem Werk suchte und fand. Es ist nicht verwunderlich, daß sie von einem Helden träumte, der so unverkennbar eine Ich-Phantasie Schillers ist: *Wilhelm von Oranien gehörte zu den hagern und blassen Menschen, wie Cäsar sie nennt, die des Nachts nicht schlafen, und zu viel denken [...] Die stille Ruhe eines immer gleichen Gesichts verbarg eine geschäftige feurige Seele, die auch die Hülle, hinter welcher sie schuf, nicht bewegte, und der List und der Liebe gleich unbetretbar war; einen vielfachen, fruchtbaren, nie ermüdenden Geist, weich und bildsam genug, augenblicklich in alle Formen zu schmelzen; bewährt genug, in keiner sich selbst zu verlieren; stark genug, jeden Glückswechsel zu ertragen. Menschen zu durch-schauen und Herzen zu gewinnen, war kein größerer Meister als Wilhelm.*

Sie leben in und mit ihren Büchern, einer Spiegel- und Echo-welt von Ähnlichkeiten, Bezügen, Anzüglichkeiten. Und wäh-rend der Sommer langsam zu Ende geht und die Tage kürzer, die Abende kühler werden, lesen sie die »Odyssee« und richten sich in der homerischen Welt häuslich ein.

Wie haben Sie denn heute Nacht in Ihrem z i e r l i c h e n Bette ge-
schlafen, schreibt (Ende August) Schiller an Charlotte, in einem
Billett, in dem er das »sowohl als auch« seiner erotischen Phan-
tasien kaum verhüllt ausspricht, im Stile (und Schutz) der homerischen Epensprache. *Und hat der s ü ß e Schlaf Ihre l i e b e n*
h o l d e n Augenlieder besucht? [...] Es ist heute wieder ein gar
schöner Tag und er würde noch einmal so schön seyn, wenn S i e
recht heiter aufgestanden wären, und sich mit uns deßelben
freuen wollten. Sind Sie aber noch nicht ganz gut und nicht frey
genug um den Kopf um sich mit sich selbst zu beschäftigen oder
zerstreut Sie vielleicht Gesellschaft, so laßen Sie michs wißen und
wir leben denn den Tag so miteinander hin – schwatzen, lesen
und freuen uns daß wir zusammen in der Welt sind. Und dann
fragt er nach Caroline: *Was macht Ihre Schwester? Klappert der*
Pantoffel schon um ihre zierlichen Füsse, oder ligt sie noch im
weichen schöngeglätteten Bette?

Nach-Sommer

Mitte August war Schiller von seinem Dorf nach Rudolstadt umgezogen, weil die nächtlichen Nachhausewege durch den Saalegrund seiner Gesundheit schadeten, vor allem aber, weil er den Schwestern näher sein wollte. Nun trennten sie nur noch ein paar Schritte. *Einen recht schönen nachbarlichen Gruß und Guten Morgen! Schon oft habe ich mich heute zum Fenster herausgelegt, um etwas lebendiges an Ihren Fenstern sich regen zu sehen, aber da führt der Himmel häßliche Bäume und Schilde an den Wirthshäusern dazwischen, daß man nichts sehen kann. [...] Was werden Sie heute Vormittag vornehmen? Was macht der Kopf? Es ist heute wieder ein recht freundlicher Tag, der mich ganz erheitert. Ich fühle mich in Ihrer Nähe und es ist mir wohl. Wüsste ich nun auch, daß Sie meiner gedächten, so hätte ich alle Ursache recht vergnügt zu seyn.*
Mein Logis hätte gar keinen Fehler, wenn es Ihnen gegenüber wäre. Ich brächte dann S p i e g e l in meinem Zimmer an, daß mir Ihr Bild gerade vor den Schreibtisch zu stehen käme, und dann könnte ich mit Ihnen sprechen ohne daß es ein Mensch wüsste.

Am 20. August, gerade einen Tag nach diesem Billett an Charlotte, schreibt er Körner einen höchst mißmutigen, die alte Unzufriedenheit gleichsam aufwärmenden Brief, der den Freund davon überzeugen soll, daß er auf unabsehbare Zeit nicht auf ihn hoffen könne: *Du glaubst, es würde gut seyn, wenn wir wieder beisammen wären. Wenn ich mich nur im geringsten überzeugen könnte, dass ich Dir jezt etwas seyn könnte, so sollte mich gewiß weder Weimar noch Rudolstadt halten, so wenig ich läugnen will daß mir der Auffenthalt in Rudolstadt ungemein wohl gethan hat.* Wohl getan hat? Nicht noch tut? *Da ich mich wieder losreissen muss, so verderbt mir ein Gedanke an die Zukunft den augenblicklichen Genuß,* schreibt er und hadert wieder einmal mit seiner Natur. *Ein bischen mehr ruhiges Blut machte mich zu einem glücklichen Menschen.* Am gleichen Tag und vielleicht in der gleichen Stunde allerdings schreibt er einem anderen Korrespondenten: *Ich träume in einer süßen Geistesträgheit hin und überlaße mich dem Steuer meiner Phantasie, und laße meinem Herzen seinen Willen.* Und fügt hinzu: *Haben Sie nicht Lust unser berühmtes Vogelschießen zu besuchen?*

Das traditionelle Vogelschießen war der Höhepunkt des Rudolstädter Jahres, eine sich über viele Tage hinziehende Kette von Festivitäten, die Hof und Landvolk zusammenführten und viele Fremde in die Stadt brachten. Das bunte, laute Getümmel war nicht nach Schillers Geschmack. *Im ganzen war diese Zeit nicht angenehm,* erinnerte sich Charlotte ein Jahr später. *Ich weis noch gar gut wie wir verstimmt waren durch das herum gehen in der Gesellschaft, auf den vogelschießen, wie ichs doppelt fühlte weil sie Dir zur last war.*

Verstimmt und eifersüchtig ist Schiller auch, als Charlotte einen Ball besucht, und erleichtert, als er vorbei ist. *Aus eigener Erfahrung* weiß er, *daß ein Vergnügen das das Blut so unordentlich erhizt, und das die beßern Menschen den Armseligen so nahe bringt und mit ihnen vermischt, die feinen Gefühle und die edlern Genüße des Geists gerne auf eine Zeitlang hinwegschwemmt.* Er hat indessen seine Zeit mit wertvoller Lektüre verbracht und im Plutarch gelesen, was ihm *große Gefühle* gegeben hat. Und doch, das erhitzte Blut, die Vermischung – *Heute früh war es einer meiner Ersten Gedanken, daß – Sie nicht mehr auf dem Ball wären. Wenn ich es könnte – sehen Sie, ich würde so ungerecht seyn und sie allen andern Menschen misgön-*

nen. Ich weiß wohl, daß ich kein Recht dazu habe, aber es ist et-
was gar schönes – sich das was einem lieb ist als sein Eigenthum
zu denken, und was ich d e n k e, thut Ihnen ja auch nichts. Laßen
Sie mir also immer diese Freude.
Warum erinnern Sie mich daran, daß Sie gehen? Ich mag nicht
daran erinnert seyn. Eben so wenig an mein eigenes Weggehen. Es
tröstet mich, daß ich den Tag nicht weiß, daß ich von keinem Ter-
min abhänge, daß es bey mir steht, wie lang dieser Sommer dau-
ren soll.

Frau von Lengefeld meint offenbar, er habe nun lange genug
gedauert. Weil Schiller keine Anstalten zur Abreise macht,
schickt sie Charlotte am 31. August für ein paar Tage zu Frau
von Stein ins nahe Kochberg. Schiller bleibt in Rudolstadt, sitzt
still und herzlich mit Caroline und ihrer Mutter zusammen
und liest mit ihnen weiter in der »Odyssee«. Charlotte in Kochberg liest ihn.

Sie werden wohl jetzt am tisch sizen [und] sprechen, und Nüße
eßen, nicht wahr? [...] Ich bin gestern nicht allein in den düstern
Wäldern gewesen, die lieblichen Götter Griechenlands waren mit
mir, ich las und freute mich der schönen stellen und lernte sie.
Auch heute habe ich in der Niederländischen Geschichte gelesen.
(1. September)

Schiller an Charlotte, am 3. September:
Es freut mich, wenn Sie diejenigen Stücke von mir, die mir selbst
lieb sind, lieb gewinnen, und sich gleichsam zu eigen machen; da-
durch werden unsre Seelen immer mehr und mehr aneinander
gebunden werden. Ich sehe diese Stücke als die Garants unsrer
Freundschaft an; es sind abgeriße Stücke m e i n e s W e s e n s,
und es ist ein entzückender Gedanke für mich, sie in das I h r i g e

übergegangen zu sehen, sie in I h n e n wieder anzuschauen, und
als Blumen, die ich pflanzte wieder zu erkennen.

Es sind auch Sumpfblumen darunter. Die leidenschaftlich er-
hitzten Laura-Gedichte seiner »Anthologie auf das Jahr 1782«
zum Beispiel werden sie vermutlich etwas verstört haben, aber
davon schreibt sie als wohlerzogenes junges Mädchen natürlich
nichts. Statt dessen läßt sie Schiller wissen, daß sie ihn gern
glücklicher sähe (machen würde), als er war – und ist: *Gestern*
Abend habe ich noch in der Anthologie gelesen, und der schwer-
müthige ton der in Ihren Gedichten herrscht that mir weh, ich
möchte Sie sähen die Welt immer heiter an, und das Schicksal
gäbe Ihnen nun freuden!

Schiller antwortet postwendend, am 6. September, auch auf
nichtgestellte Fragen:
Der Ton, der in meinen Gedichten in der Anthologie herrscht, ist
düster, aber die Empfindungsart die ihm zu Grunde ligt, ist
deßwegen doch noch nicht unglücklich. Die Gegenstände meiner
Empfindungen haben sich seitdem sehr verändert, aber die Art
derselben, und die Stimmung des Gemüths, die Eindrücke der
Welt aufzunehmen, blieb. Doch lesen Sie so selten als möglich in
meinen frühern Arbeiten, wenn ich nicht zuviel bey Ihnen verlie-
ren soll. Sie haben höchstens einigen Werth durch das, was sie
v e r s p r e c h e n, nicht aber durch das, was sie w i r k l i c h l e i -
s t e n.

Einen Tag später, am 7. September, kehrt Charlotte nach Rudolstadt zurück, zusammen mit Frau von Stein – und mit
Goethe, der, mittlerweile aus Italien zurückgekehrt, seine alte
Freundin in Kochberg besucht hatte, sein letzter Aufenthalt
dort, bevor sie wegen seines Verhältnisses mit Christiane Vul-

Johann Wolfgang von Goethe.
Gemälde von Angelika Kauffmann, 1787/88

pius tief verletzt mit ihm brach. Zu dieser Zeit wußte sie noch nichts davon. So kam es im Beulwitzschen Haus zu der von Schiller langersehnten Begegnung, über deren Verlauf er ganz zufrieden war, wie er Körner berichtete: *Unsere Bekanntschaft war bald gemacht, und ohne den mindesten Zwang; freilich war die Gesellschaft zu groß und alles auf seinen Umgang zu eifersüchtig, als daß ich viel allein mit ihm hätte seyn oder etwas anders als allgemeine Dinge mit ihm sprechen können. […] Im ganzen genommen ist meine in der That große Idee von ihm nach dieser persönlichen Bekanntschaft nicht vermindert worden, aber ich zweifle, ob wir einander je sehr nahe rücken werden.*

Jedenfalls ist Goethe für ihn kein Grund, nach Weimar zurück-zukehren, auch Wieland nicht, dem er nach langer Pause wie-der einmal geschrieben hat. Er sei erfreut, daß Schiller in sei-nem *Elysium oder Quasi-Elysium wenigstens noch nicht aus dem Lethe getrunken* habe, schreibt der zurück. Inzwischen hat er zwei seiner Töchter an den Mann gebracht. Wie lange ist es her, daß Schiller mit dem Gedanken spielte, Wielands Schwieger-sohn zu werden? Er hat wohl doch ein paar Schlucke vom Was-ser des Vergessens getrunken. Wer ist Charlotte von Kalb?

Charlotte von Lengefeld muß in den folgenden Wochen öfter nach Kochberg fahren. Schiller sehnt sich nach ihr, während er mit Caroline immer vertrauter wird. *Kommen Sie einen Augen-blick in den Garten oder in meine Stube, wenn Sie mit Schreiben aufhören, da will ich Ihnen alles erzählen, jetzt habe ich Visiten. Heut Nachmittag sind wir auch ruhig,* schreibt sie in einem Bil-lett. Es ist undatiert, wie ein nur als Fragment erhaltener Brief, in dem Caroline Schiller auf eine Verstimmung, eine Störung ihres Verhältnisses anspricht: *Sagen Sie mir, was ist zwischen uns? daß Etwas es ist, fühle ich.* Dieser Brief sei ihm sehr teuer gewesen und habe ihn tief in ihre Seele blicken lassen, schrieb Schiller später an Caroline. *Und eine neue Hoffnung belebte die meinige.*

Der September vergeht und der Oktober und sein 29. Geburts-tag, den sie zusammen feiern. Als Geschenk haben die Schwe-stern eine Vase aus der Volkstedter Porzellanfabrik ausgesucht. Dann reißt Schiller sich endlich los, weil (und als) Caroline und Charlotte zu einem Besuch ihrer Freundin Li von Da-cheröden nach Erfurt abgefahren sind. *Den 12. November reißte der H[err] Schiller wieder von Rudolstadt ab, nach Weimar,* ver-merkt Prinz Ludwig Friedrich in seinem Tagebuch. *Er trug dem*

H[errn] Hofrath von Beulwitz auf, mir in seinen Namen ein *schönes Buch zu schenken, welches er bei seinem Aufenthalt in Rudolstadt geschrieben.* Gemeint ist der erste Band der (zum größten Teil nicht in Rudolstadt entstandenen) »Geschichte des Abfalls der vereinigten Niederlande von der Spanischen Regierung«. Als Titelvignette hatte Schiller einen Hut als Emblem der Freiheit gewählt. Im »Wilhelm Tell« wird er uns, pervertiert zum Symbol der Knechtschaft, wiederbegegnen.

Seinen ersten ruhigen Augenblick nach der Rückkehr nutzt er zu einem Brief an die Schwestern. *Diß ist der erste Tag, den ich ohne Sie lebe. Gestern habe ich doch Ihr Haus gesehen und Eine Luft mit Ihnen geathmet. Ich kann mir nicht einbilden, daß alle diese schönen seelenvollen Abende, die ich bei Ihnen genoß, dahin seyn sollen; daß ich nicht mehr wie diesen Sommer, meine Papiere weglege, Feierabend mache, und nun hingehe, mit I h n e n mein Leben zu genießen.*

An Körner schreibt er, als Fazit des langen Sommers:
Mein Abzug aus Rudolstadt ist mir in der That schwer geworden, ich habe dort viele schöne Tage gelebt und ein sehr werthes Band der Freundschaft gestiftet. Bey einem geistvollen Umgang, der nicht ganz frey ist von einer gewißen schwärmerischen Ansicht der Welt und des Lebens so wie ich sie liebe, fand ich dort Herzlichkeit, Feinheit und Delikateße, Freiheit von Vorurtheilen und sehr viel Sinn für das, was m i r theuer ist. Dabey genoß ich einer unumschränkten innern Freiheit meines Wesens und die höchste Zwanglosigkeit im äußerlichen Umgang und Du weißt, wie wohl einem bei Menschen ist, denen die Freiheit des andern heilig ist. Dazu kommt, daß ich wirklich fühle, g e g e b e n und in gewissem Betrachte wohlthätig auf diese Menschen gewirkt zu haben.

Und dann versichert er: *Mein Herz ist ganz frey, Dir zum Troste. Ich hab es redlich gehalten, was ich mir zum Gesetz machte und Dir angelobte; ich habe meine Empfindungen durch Vertheilung geschwächt, und so ist denn das Verhältniß innerhalb der Grenzen einer herzlichen vernünftigen Freundschaft.*

Winterbriefe

Charlotte an Schiller:

So sind wir denn wirklich getrennt! kaum ists mir denkbar, daß der lang gefürchtete Moment nun vorbei ist. [...] Mögen Sie immer gute, und frohe Geister umschweben und die Welt in einen schönen Glanz Sie einhüllen lieber Freund! Ich möchte Ihnen gern sagen wie lieb mir Ihre freundschaft ist, und wie sie meine freuden erhöht. Aber ich hoffe Sie fühlen es ohne Worte. Sie wißen daß ich wenig Worte finden kan meine Gefühle zu erklären, und sie andern deutlich zu machen. Aber glauben Sie daß ich nicht weniger den Werth Ihrer Freundschaft zu schäzen weis. Laßen Sie so oft wie Sie können, und lust haben von sich hören, daß der Gang Ihres Geistes mir nicht fremd wird, und ich ihm folgen kann.

Caroline an Schiller:

Sein Sie gegrüßt von ganzer Seele, mein theurer Freund! Dies ist der erste Gruß, der durch einen so weiten Weg zu Ihnen gelangt. Das Gefühl Ihrer Entfernung bleibt immer lebendig in mir, tausend Erinnerungen, tausend liebe Gewohnheiten werden es. Ach ich kenne keinen Ersatz für das, was Sie meinem Leben gegeben haben! So frei und lebendig existirte mein Geist vor Ihnen! So wie Sie hat es noch Niemand verstanden die Saiten meines innersten Wesens zu rühren – bis zu Thränen hat es mich oft bewegt, mit welcher Zartheit Sie meine Seele in trüben Momenten gepflegt, getragen haben.

Zwei Liebeserklärungen, zwei Schwestern: Die eine will Schiller glücklich machen, die andere durch ihn glücklich werden.

Der schöne Rudolstädtische Sommer! Nun, da sie voneinander
getrennt sind, müssen sie einander schreiben und sie tun es
möglichst oft. Sie wollen ihr vertrautes Gespräch nicht ab-
reißen lassen, als gleich am Anfang sicher erwartete Briefe nicht
eintreffen, gerät Schiller in Panik. Einen Tag später hält er sie in
Händen. *Freude und Beschämung wechselten in meiner Seele.*
Sie hängen sehnsüchtigen Erinnerungen nach: *Unsre schönen
Abende! […] wie mannichfaltig waren unsre Unterhaltungen.*
Nun ist alles traurig verändert, wie Charlotte schon fast im Ton
der Müller-Schubertschen »Winterreise« klagt: *Die Steine auf
denen wir saßen, waren voll Schnee, der Bach zugefroren, und die
entblätterten Bäume gaben mir ein trauriges Bild der vergäng-
lichkeit. Ach der Winter ist doch recht unangenehm! Auch der
schöne Weg auf den Wiesen hin, dem wir doch einige mal zusammen gingen, alles war so leer, so oede, die Weiden hoben ihre ent-
blätter[ten] Zweige empor, nur das geschrei der Raben, die traurig auf die weißen Felder herum flogen, ließen nur leben ahnden.
Was ist der erfreuende Anblick der grünen Wiesen doch dagegen
so schön!* Wenn es nur schon wieder Sommer wäre.

*Möchte die Zeit diesen Winter nur recht rasch und sich außer
Athem laufen, daß sie darnach den Sommer nicht mehr recht fort
kann,* wünscht Schiller. Er sei ihnen seit der Trennung oft lebhaft gegenwärtig gewesen, schreibt Caroline, der manchmal so
ist, als *wäre keine Entfernung, und das wahre, heil'ge Band der
Freundschaft über den Gesetzen der Körperwelt.* Aber dann fühlt
sie wieder ihr *enggebundenes Dasein* und muß, mit einem Zitat
aus Goethes »Iphigenie«, anerkennen, *daß Gegenwart, Leben
und Sprache doch etwas anders ist: »Köstlich ist des gegenwärt'-
gen Freunds gewiße Rede, deren Himmelskraft, der Einsame entbehrt.«*

Mit dem Wechsel vom Reden zum Schreiben bekam ihre Unterhaltung eine neue, andere Qualität, auf die Caroline hingewiesen hat: *Oft lassen sich feinfühlende Menschen im persönlichen Umgang durch kleine Umstände in ihren Aeußerungen hemmen, und fühlen sich freier am Schreibtisch, wo nur das Bild des Freundes still und ruhig vor ihnen steht. So ging es auch Schillern in seiner jetzigen gespannten Lage.* Und auch ihr und der Schwester. Beflügelt von *Neigung und Hoffnung* erscheint ihr Winter-Briefwechsel wie eine klassische Komposition, ein Trio, dessen Stimmen harmonisch aufeinander bezogen sind, sich ineinander verflechten, aufeinander eingehen, als Echo einander nachahmen, Themen variieren. Schiller, der das Gespräch geistig dominiert, führt nicht nur, er läßt sich auch führen, stimmt seinen Ton auf den seiner Freundinnen ab zu einer von weicher, respektvoller Zärtlichkeit durchdrungenen Intellektualität. Es ist zu wenig bekannt, daß er nicht nur ein großer Dramatiker, sondern auch ein wunderbarer Briefschreiber war, mit seinem schlanken, präzisen, zupackenden, unverstaubt-modern wirkenden Stil; nirgends aber scheint er so verführerisch wie in seinen von Herz und Seele durchwärmten Briefen an die Schwestern. Er schreibt an Charlotte anders und anderes als an Caroline und dann wieder an beide. *Daß Sie und Caroline so gut zusammen stimmen, freut mich sehr; es ist überhaupt selten, daß Schwestern, die von früher Kindheit an in so viele Collisionen kommen, bei entwickeltem Carakter einander etwas sind. Ihre beiderseitige gute Harmonie ist ein schöner Genuß für mich, weil ich Sie in meinem Herzen vereinige, wie Sie sich selbst vereinigt haben – Möchten Sie, oder möchte vielmehr das Schicksal Sie beide nie weit auseinander führen, wenn es möglich ist. Es ist gar niederschlagend für mich, wenn ich Sie mir getrennt denke, weil ich dann immer Eine, wo nicht beide, entbehren müßte. Auch Sie würden einander sehr fehlen und nicht mehr ersetzen.*

Wie gut sie sich für ihn ergänzen! Charlotte, in deren liebender Bewunderung er sich wärmen kann, die ihm schreibt: *Ich kan nie satt werden im Karlos zu lesen, und finde immer mehr darinn;* die so mädchenhaft die Fortsetzung seines in Rudolstadt begonnenen philosophischen Gedichtes »Die Künstler« anmahnt: *Arbeiten Sie nicht wieder an dem schönen Gedicht? ich möchte wohl daß es fertig wäre; es ist so manches darinn was ich mir merken möchte, um mir dann angenehme Stunden zu machen, ich lerne so gern schöne Stellen auswendig, um mir in manchen Momenten wohl damit zu thun.*

Caroline, seine Geistes- und Seelenschwester mit ihren selig-unseligen Höhenflügen, in deren Spiegel er seine eigene Größe genießen kann: *Glücklich macht diese überfließende Kraft des Herzens nicht immer, und doch ist wieder kein Glück ohne sie! Ach, das regen der Flügel der Psiche, die an ihre Hülle stoßen! – wie klar drückt das Bild unsre Existenz aus! – Im Gang des Lebens ists mir doch eigentlich zur Natur geworden, mich seelich in der Liebe und Vereinigung zu den Schönen und Trefflichen zu fühlen, und das gemeine, gemein sein zu laßen ohne es schlecht zu finden, wie es einen Schönheitssuchenden Herzen leicht begegnet. Also ist doch auch meine itzige Existenz sehr genußreich, Danck dem Ewigen Schicksal und denen Wesen, deren Schönheit mein Herz füllt! Sie müßen es fühlen, theurer Freund, wie viel von diesen Danck Ihnen gehört.*

Und dann wieder Charlotte mit ihrer ruhigen Verständigkeit, die ihr den Beinamen »die Weisheit« eingetragen hat. In ihren Briefen an Schiller entwirft sie sich als Kind der Sonne, als schöne, warme, heitere, liebliche Natur, und Schiller spiegelt ihr dieses Selbstportrait zurück als Erwartung. *Ueberhaupt kommt mir vor – und das mag freilich ein eigennütziger Wunsch*

unsers Geschlechts seyn – mir kommt vor, daß die Frauenzimmer geschaffen sind, die liebe heitre Sonne auf dieser Menschenwelt nachzuahmen, und ihr eigenes und unser Leben durch milde Sonnenblicke zu erheitern. W i r stürmen und regnen und schneyen und machen Wind, Ihr Geschlecht soll die Wolken zerstreuen, die wir auf Gottes Erde zusammen getrieben haben, den Schnee schmelzen, und die Welt durch ihren Glanz wieder verjüngen. Sie wißen was für große Dinge ich von der S o n n e halte, das Gleichniß ist also das Schönste, was ich von Ihrem Geschlechte nur habe sagen können, und ich hab es auf Unkosten des meinigen gethan!
Er will also auch noch gelobt werden – und wird es: *adieu für heute, ich kann einmal nichts erfreuendes vorbringen, und möchte Ihnen doch gern freude für die schöne vergleichung meines Geschlechtes mit der Sonne machen.*

Der Winter ist für Charlotte deshalb so etwas wie ein persönlicher Feind (und Medium der Selbstdarstellung), gegen den sie in ihren Briefen beständig eifert – bis endlich der Frühling gesiegt hat:
Himmel und Erde scheinen unerbittlich, das Eis bedeckt unser Thal, als hätte es seit Jahrtausenden schon dagelegen, und als dränge kein Strahl der Sonne je durch die dicke Schneerinde.

Guten Morgen, ich muß mir eine freude machen, und schreiben, denn Himmel und Erde wollen noch immer unfreundlich sein, doch will ich dem Schicksal troz bieten; aber es geht schwer, und es wird der armen Weisheit sauer, auf zu thauen, der kalte Hauch des Nordwinds könnte sie auch so einfrieren machen, wie der Saale. Ich bin recht arm bei so einer Kälte!

Ich komme mir jezt ganz abgerißen von aller Menschlichen Gesellschaft vor. Der Wind rauscht durch das dürre laub vor meinen

Fenster, und der Himmel ist so trübe, ach wenn erst meine Berge wieder ihre dunkeln Häupter ohne Schnee hervorheben!

Heut hab ich mich zum erstenmal wieder der Natur gefreut, ich war auf dem Waßer damm, die Saale ist so schön, die großen Eiß-maßen liegen am Ufer zerstreut, die Berge sind wieder blau, und die Sonne schien so lieblich, mir wars als käme der Frühling, die Knospen sehn schon röthlich, es war mir so weit, so groß, die Seele dünkte sich freier; es ist eins der wohlthätigsten Gefühle sich der Natur freuen zu können!

Endlich lacht Himmel und Erde wieder, wir waren heute und ge-stern spazieren, und das Herz öfnet sich wieder der freude an der Natur, es war mir oft als könnte ich mich nicht mehr freun, als hätte der kalte Winter jedes freundliche Gefühl in der Seele er-stickt.

Sie hat die schöne Angewohnheit, in ihren Briefen einen Raum um sich zu schaffen und so den Briefpartner mit hinein- und zu sich zu holen: an den Schreibtisch, auf den soeben ihre Katze Toutou gesprungen ist, in die ofenwarme Stube, wo sie mit Mutter und Schwester bei Kaffee oder Tee zusammensitzt, in die Natur, ans geöffnete Fenster: *Sie sehn wohl den schönen Abendhimmel auch?*

Für die winterliche Trennungszeit hatte Schiller sich und den Schwestern ein Leben in stiller Zurückgezogenheit verordnet, er vor allem arbeitend, schreibend, sie lesend, nachdenkend, Geist und Seele kultivierend. *So viele trefliche Menschen reisst der Strom der Gesellschaften und Zerstreuungen mit sich dahin, daß sie erst dann zu sich selbst kommen, wenn sich die Seele aus dem Schwall von Nichtigkeiten nicht mehr empor arbeiten kann,*

doziert er. *Es sieht vielleicht misanthropisch aus, aber ich kann mir hier nicht helfen, ich bin Kleists Meinung: Ein wahrer Mensch muss fern von Menschen seyn.*
Das Programm der später als »deutsch« sprichwörtlich gewordenen Innerlichkeit, ein Schuß des männlich-orientalischen Despotismus, der die Frauen im Haus halten möchte (*Glücklich macht die Gattin nicht …*). Aber auch Charlotte gefällt es ganz gut, wenn ihr Freund zu Hause bleibt: *Daß Sie einsam leben freut mich, denn eigentlich möchte ich gern allen Menschen Ihre Gesellschaft nicht gönnen.*

Und was die Schwestern in diesem Winter alles lesen, auf Schillers Empfehlung hin oder aus eigenem Interesse! (Schiller ist manchmal ganz neidisch auf dieses Leseleben, das er sich nicht leisten kann, weil er schreiben muß.) Gedichte, Dramen, Romane, Biographien, philosophische Betrachtungen, naturwissenschaftliche Abhandlungen, historische Werke. Immer wieder Plutarch (*Es ist brav daß Sie dem Plutarch getreu bleiben. Das erhebt über diese platte Generation und macht uns zu Zeitgenossen einer beßern kraftvollern Menschenart*), die »Histoire de mon temps« von Friedrich dem Großen, Montesquieu, Herder und Haller, französische und englische Romane, Ossian, aus dem Charlotte übersetzt, Ovid, aus dem Caroline übersetzt, respektlose Reisebriefe von Mirabeau, über die sich Charlotte sehr ärgern muß. Caroline liest die bessern Stellen aus Heinses freizügigem Roman »Ardinghello« wieder, Charlotte erwärmt sich an Goethes Beschreibungen von Neapel (*wie wohl thut einen der Gedanke an so eine lachende Welt, in diesen rauen, nördlichen Clima!*) und vertieft sich in die (portugiesische) Entdeckungs- und Eroberungsgeschichte von Indien, wo sie Henry Heron, ihren entschwundenen Freund, vermuten kann: *Ich habe einige tage ganz in andern Welttheilen zugebracht, und*

nahm die landkarten zu Hülfe, und vergaß ganz daß ich auf so ei-
nem kleinen Fleck Erde war. Aber ich habe mich doch auch bei all
meiner freude über die Menschen geärgert, daß sie so in fremde
Gegenden reisten, und alle die länder als ihr Eigenthum ansahn
wozu sie kein Recht hatten, und nur das Gefühl, daß sie gesitteter,
und vielleicht einige Kenntniße mehr hätten, ihnen das Recht gab
sich zu Herren aufzuwerfen. Es würde uns doch nicht angenehm
sein wenn wir so auf einmal von unsern Fleck Erde vertrieben
würden.

Schiller lobt: *Es ist gut daß Sie Sich Ihr k l e i n e s Zimmer [...]*
durch Reisebeschreibungen recht groß und weit machen. Mir ist
es immer ein unaussprechliches Vergnügen, mich im möglichst
kleinsten körperlichen Raum im Geiste auf der großen Erde her-
um zu tummeln. Indessen auf das wirkliche Reisen lassen Sie Sich
doch lieber nicht ein – bleiben S i e uns so nah als möglich.

Mit Wieland besprach er Pläne für eine neue Zeitschrift, er be-
endete (wie von Charlotte gewünscht) seine »Künstler«, übersetzte aus den »Phönizierinnen« des Euripides, arbeitete weiter
am »Geisterseher«. *Es ist viel stilles Vergnügen in dieser Existenz.*
Besonders die Abende sind mir lieb, die ich sonst sündlich in Ge-
sellschaft verloren habe. Jetzt sitze ich beim Thee und einer Pfeife
und da denkt und arbeitet sichs herrlich. Das geht an Körner,
nicht an die Schwestern.

Aber es lag in Schillers forciertem Lob des inneren Lebens in
stiller Zurückgezogenheit doch auch etwas von den Trauben
der Fabel, die der Fuchs sauer nennt, weil sie unerreichbar hoch
hängen. Man kann das vor allem aus seiner Reaktion auf Briefe
von Wilhelm von Wolzogen heraushören, die ihm die Schwestern weitergaben. Wolzogen hielt sich seit dem Herbst 1788 auf

Befehl des Württemberger Herzogs zu Architekturstudien in Paris auf, und Schiller war mit seinen Reiseberichten gar nicht zufrieden. Wolzogen habe *eine Elle mitgebracht um einen Coloß zu meßen,* bemängelte er. Um die Dinge *mit philosophischem Geiste zu sehen,* bedürfe es eines abgehobenen Standpunktes. *Wie holperigt und höckerigt mag unsre Erde von dem Gipfel des Gotthards aussehen, aber die Einwohner des Mondes sehen sie gewiß als eine glatte und schöne Kugel. Wer dieses Auge nun entweder nicht hat, oder es nicht geübt hat, wird sich an kleinen Gebrechen stoßen und das schöne große Ganze wird für ihn verloren seyn.*
Paris freilich dürfte auch dem philosophischen Beobachter vielleicht einen widrigen Eindruck geben; aber einen kleinen gewiß nie, denn auch die Verirrungen eines so feingebildeten Staats sind groß. Was für eine prächtige Erscheinung ist das römische Reich in der Geschichte auch bei seinem Untergang!

Und nach dieser ahnungsvollen Bemerkung, die sich auf Gibbons jüngst erschienenes Monumentalwerk vom »Decline and Fall of the Roman Empire« bezieht, fügt Schiller hinzu: *Mir für meine kleine stille Person erscheint die große politische Gesellschaft aus der Haselnußschaale, woraus ich sie betrachte, ohngefähr so, wie einer Raupe der Mensch vorkommen mag, an dem sie hinaufkriecht. Ich habe einen unendlichen Respekt für diesen großen, drängenden Menschenocean, aber es ist mir auch wohl in meiner Haselnußschaale. Mein Sinn, wenn ich einen dafür hätte, ist nicht geübt nicht entwickelt, und solange mir das Bächlein Freude in meinem engen Zirkel nicht versiegt, so werde ich von diesem großen Ocean ein neidloser und ruhiger Bewunderer bleiben.*

Schiller als Raupe? In der Diminutivwelt eines Jean-Paulschen Idyllenschulmeisterleins war er so fehl am Platz wie Gulliver in Liliput. Und ganz streng nahm er es mit seiner Zurückgezogenheit dann doch nicht, ging in Gesellschaften, sah seine alten Freunde und machte neue Bekanntschaften.

Karl Philipp Moritz, der Verfasser des »Anton Reiser«, hielt sich in Weimar auf, und nach anfänglicher verständlicher Zurückhaltung (Moritz hatte in einer Kritik »Kabale und Liebe« verrissen: *Mit welcher Stirn kann ein Mensch doch solchen Unsinn schreiben und drucken lassen*) lernt Schiller ihn immer mehr schätzen. Nur gefällt ihm nicht, daß Moritz von Goethe so *panegyrisch* spricht. *Das schadet Göthen nichts aber ihm.* Er selbst war Goethe nach seiner Rückkehr nach Weimar nicht nähergekommen, was ihn je länger, je mehr kränkt.

Manchmal sieht er Charlotte von Kalb. Wahrscheinlich nimmt sie in seinem Leben immer noch sehr viel mehr Raum ein, als es seine Briefe verraten, in denen sie nur noch am Rand vorkommt. *Frau von Kalb habe ich heute besucht, und eine recht geistvolle Unterhaltung bei ihr gefunden. Wie sehr wünschte ich ihrem Geist die Welt, für die er eigentlich geschaffen ist. Es ligt unendlich viel eigenes in ihrer Vorstellungskraft und ihre Blicke sind eben so scharf als tief,* schreibt er einmal, ausgerechnet an Caroline. Meistens aber hören wir etwas ungläubig Sätze wie *Sie ist munter und vergnügt und macht sich allerlei Zerstreuungen.*

Die schöne Griechin

Eine andere Frau aus seiner Vergangenheit verwandelte Schiller im Winter 1789 in eine literarische Figur, Henriette von Arnim, seine schöne Dresdner Ballbekanntschaft, aus deren Schlingen ihn das Ehepaar Körner mit eindringlichen Warnungen zu retten suchte: sie sei eine Frau mit lockeren Sitten, eine Kokette, gelenkt durch eine kupplerische Mutter, eine Offizierswitwe, die alles daran setze, ihre drei noch unverheirateten Töchter an den Mann zu bringen. Bei dem Maskenball, wo Schiller Henriette kennenlernte, ging sie als Zigeunerin, las ihm aus der Hand und machte ihm schmeichelhafte Prophezeiungen, wie Minna Körner berichtet. *Mein erster Anblick war – Betrug,* heißt es in dem Gedicht, das Schiller ihr ins Stammbuch schrieb, und mit dem Wunsch endet: *Der Anfang unsrer Freundschaft war nur – Schein! / Die Fortsetzung soll Wahrheit sein.* Das haben wohl nicht zuletzt Körners verhindert, deren Einschätzung Henriettes sich Schiller schließlich zu eigen machte. Er sorgte dafür, daß auch ihr letzter Anblick Betrug ist. *Wahrscheinlich* hätten seine Erfahrungen mit ihr *auf die Gestaltung der Griechin im Geisterseher* gewirkt, verriet Caroline in »Schillers Leben«. Die arme Henriette wurde von seinen Biographen meist umstandslos so charakterisiert, wie ihr Held es ihnen im präzisen Wortsinn vorgeschrieben hat: eben als Betrügerin.

Der Fragment gebliebene, in Fortsetzungen erschienene Roman »Der Geisterseher«, Schillers größter Publikumserfolg, ist so etwas wie ein philosophischer Thriller. Vor der malerischen Kulisse von Venedig – zur Karnevalszeit – entfaltet sich ein Spiel von Täuschung und Trug, mit Geisterbeschwörungen,

Marie Henriette Elisabeth von Arnim.
Zeitgenössischer Schattenriß

rätselhaften, übersinnlich scheinenden Phänomenen, geheimen Femegerichten, dämonischen Verbrechern und einem labilen Prinzen als Protagonisten, der durch jesuitische Intrigen für die katholische Kirche gewonnen werden soll. Eine schöne Frau spielt dabei als Werkzeug der Verschwörer eine dubiose Rolle... Schiller hatte schon nach der ersten Fortsetzung keine rechte Lust mehr zum Weiterschreiben – seine Mißachtung, ja Verachtung des in seinen Augen unseriösen Unterhaltungsromans stand in umgekehrtem Verhältnis zu dessen Popularität –, nahm die Arbeit aus finanziellen Gründen dann doch wieder auf.

Mein Geisterseher hat mich dieser Tage etlichemal sehr angenehm beschäftigt, schrieb er am 26. Januar 1789 an Caroline und Charlotte, und dann stellte er ihnen eine Aufgabe: *Jezt bin ich*

eben bey der schönen Griechinn; und um mir ein Ideal zu hohlen,
werde ich die nächste Redoute nicht versäumen. Ich möchte gern
ein recht romantisches Ideal von einer liebenswürdigen Schönheit
schildern, aber dieß muß zugleich so beschaffen seyn, daß es –
eine eingelernte Rolle ist, denn meine liebenswürdige Griechinn
ist eine abgefeimte Betrügerinn. Schicken Sie mir doch in Ihrem
nächsten Briefe ein Portrait, wie Sie wünschen daß sie seyn soll,
wie sie Ihnen recht wohl gefiele, und auch S i e betrügen könnte.
Auch Lottchen bitte ich darum.

Die Schwestern wußten wohl, daß Schiller schon auf der Redoute gewesen war. Lotte konnte sich nicht vorstellen, wie die
Griechin *so schön, und betrügerisch dabei sein könnte, daß sie*
das ganze Publikum täuschen könnte. Caroline, die die Aufgabe
sehr schwer fand, weil sie sich *liebenswürdige Schönheit* ohne
moralische Grazie nicht denken konnte, wies ihm einen Ausweg: *Wenn die Griechin nur aus Liebe betröge, und weil sie selbst*
betrogen werden wäre, so könnte ich mir sie liebenswürdig den-
cken. Was sie an Klugheit verlöhre, gewönne sie an Wärme der
Empfindung. Im Glauben ihrer Kirche, der katholischen, erzogen,
daß die ewige Seeligkeit nur ihren Glaubensverwandten zu Theil
werden könnte, und durch den Einflus der Menschen, die sie zu
ihren Absichten brauchten, bestärckt, müßte sie alles thun um den
Prinzen den sie heftig liebte, aus den geglaubten Verderben zu er-
retten.

So kam die schöne Zigeunerin vom Ballsaal in die Kirche. Ihr
Betrachter war hingerissen:

Alles war düster ringsherum, nur durch ein einziges Fenster fiel
der untergehende Tag in die Kapelle, die Sonne war nirgends
mehr als auf dieser Gestalt. Mit unaussprechlicher Anmut – halb

Illustration zu Schillers »Geisterseher« von Ludwig Friedrich Prinz von Schwarzburg-Rudolstadt. Getönte Zeichnung

knieend, halb liegend – war sie vor einem Altar hingegossen – der gewagteste, lieblichste, gelungenste Umriß, einzig und unnachahmlich, die schönste Linie in der Natur. Schwarz war ihr Gewand, das sich spannend um den reizendsten Leib, um die niedlichsten Arme schloß und in weiten Falten, wie eine spanische Robe, um sie breitete; ihr langes, lichtblondes Haar, in zwei breite Flechten geschlungen, die durch ihre Schwere losgegangen und unter dem Schleier hervorgedrungen waren, floß in reizender Unordnung weit über den Rücken hinab – eine Hand lag an dem Kruzifixe, und sanft hinsinkend ruhte sie auf der andern. Aber wo finde ich Worte, Ihnen das himmlisch schöne Angesicht zu beschreiben, wo eine Engelseele, wie auf ihrem Thronensitz, die ganze Fülle ihrer Reize ausbreitete? Die Abendsonne spielte darauf, und ihr luftiges Gold schien es mit einer künstlichen Glorie zu umgeben.

Herr Professor

Was war mit Schillers Historikerlaufbahn? Im Spätherbst / Winter 1788 sieht es so aus, als wolle er wieder davon abrücken. Körner, der den ersten Band der »Niederländischen Rebellion« aufmerksam gelesen hat, nennt sie zwar eine *schätzbare Probe* von Schillers historischen Talenten, findet aber doch viel zu bemängeln und findet sich in seiner Ansicht bestätigt, daß der Freund nicht zum Geschichtsschreiber geboren sei. *Bey allem Verdienst, daß man dieser Arbeit nicht absprechen kann, ist es doch nicht das h ö h e r e Verdienst, dessen Du fähig bist.* Schiller ist nun geneigt, ihm recht zu geben. In einem Brief an Caroline von Beulwitz vom 10. und 11. Dezember spielt er ganz im Sinne Körners die innere Wahrheit des Dichters gegen die bloße historische Richtigkeit des Geschichtsschreibers aus. *Ich werde immer eine schlechte Quelle für einen künftigen Geschichtsforscher seyn, der das Unglück hat, sich an mich zu wenden. Aber ich werde vielleicht auf Unkosten der historischen Wahrheit Leser und Hörer finden und hie und da mit jener ersten philosophischen zusammentreffen. Die Geschichte ist überhaupt nur ein Magazin für meine Phantasie, und die Gegenstände müssen sich gefallen laßen, was sie unter meinen Händen werden.*

Als Schiller dieses trotzige Bekenntnis zu poetischer Willkür formuliert, weiß er aus Vorgesprächen mit Goethe schon ziemlich sicher, daß er im Frühjahr des kommenden Jahres Geschichtsprofessor in Jena sein wird. *Es ist fast so gut als richtig. Vor einer Stunde schickt mir Göthe das Rescript aus der Regierung, worinn mir vorläufige Weisung gegeben wird, mich darauf einzurichten,* schreibt er Körner am 15. Dezember. Hinter Goethe, der viel für diese Berufung getan hatte, steckte wohl die

Frau von Stein, und hinter ihr standen die Lengefeldschen Schwestern, mit denen Schiller seine Stellenwünsche und Hoffnungen besprochen hatte. Nun, da sie sich eher als erwartet realisieren, gerät er in Panik. *Man hat mich hier übertölpelt*, behauptet er. *Meine Idee war es fast immer, aber ich wollte wenigstens ein oder einige Jahre zu meiner beßern Vorbereitung noch verstreichen laßen. [...] Ich bin in dem schrecklichsten Drang, wie ich neben den vielen vielen Arbeiten, die mir den Winter bevorstehen und des Geldes wegen höchst nothwendig sind, nur eine flüchtige Vorbereitung machen kann. Rathe mir. Hilf mir. Ich wollte mich prügeln laßen, wenn ich Dich auf 24 Stunden hier haben könnte. Göthe sagt mir zwar docendo discitur aber die Herrn wißen alle nicht, wie wenig Gelehrsamkeit bei mir vorauszusetzen ist. Dazu kommt nun, daß mich der Antritt der Profeßur in allerlei neue Unkosten setzen wird, Lehrsaal und [d]gl nicht einmal gerechnet. Magister Philosophiæ muss ich auch werden, welches nicht ohne Geld abgeht, und dieses Jahr kann ich wegen der Zeit, die mir aufs Studiren darauf geht, am wenigsten verdienen. Freilich wird es h e l l e r hinter dieser trüben Periode, denn nun scheint sich doch mein Schicksal endlich fixiren zu wollen. Ich beschwöre Dich, schaff mir Rath und Trost, und mit dem Bäldisten.*

Körner gibt ihm beides postwendend und rät zur Annahme der Stelle (die Schiller de facto schon angenommen hat), allerdings nur für den Fall, daß sie mit einer *beträchtlichen Besoldung* verbunden sei – was sie nicht ist. Ein *Fixum* sei überhaupt nicht vorgesehen, erklärt er Körner, aber er werde von den erwarteten Kolleggeldern der Studenten, die er optimistisch auf 400 Taler im Jahr ansetzt, *gemächlich* leben können. *Mein ganzes Absehen bey dieser Sache ist in eine gewiße R e c h t l i c h k e i t und B ü r g e r l i c h e Verbindung einzutreten, wo mich eine beßere*

Versorgung finden kann. Was Schiller ihm von der Professur schreibe, habe ihn *nicht erbaut,* antwortet Körner. Um so glücklicher sind die Schwestern, auch wenn seine Stelle die gemeinsamen Hoffnungen auf einen neuen langen Rudolstädter Sommer zerstört.

Innigst freue ich mich der Nachricht von Ihrem künftigen Aufenthalt in Jena, liebster Freund, schreibt Caroline. *Sie wißen wie lieb mir dieser Plan immer war. Es giebt mir eine so lieblich lichte Aussicht ins Leben, S i e mir in unsrer Nähe fixirt zu dencken. Laßen Sie sichs nicht reuen an dieses kleine Pläzchen Welt nun fester angeheftet zu sein. Ach unsre eigentliche wahre Welt ist doch nur da wo bleibender Antheil und Liebe unser Herz beleben! […] Wie oft können wir uns s o immer sehen, und nie anders als mit der Hofnung uns bald wiederzusehen verlaßen! Mir ists gewis, daß Sie in der Länge Glück in dieser Existenz finden werden, und das macht mich gar glücklich. Ich finde diese Art von Wirksamkeit gar schön, und sehr weit und tief eingreifend. Wie manche Geister werden eine höhere Richtung, in dem Wehen des Ihren gewinnen! und in der Folge werden Sie I h r e r S c h ö p f u n g in dieser Lebensart mehr leben können, als in jeder andern, so wie ich sie überhaupt für eine der freisten halte, und durch die wenigsten drückenden Verhältniße eingeschränckt.*

Und Charlotte: *Wie lieb war mir Ihr lezter Brief! Erstlich hörten wir so lange nichts von Ihnen, dies wollte mir gar nicht gefallen, und zweitens überraschte mich die Nachricht von Ihnen so angenehm, lieber Freund! Sie bleiben nun doch in unsre nähe, wie schön ist das! Aber auch ohne eigennüzig zu sein glaube ich gewiß daß es gut ist, und daß noch viel Angenehmes für Sie selbst daraus entstehn wird. Wie viel gutes können Sie in den Wirkungskreis doch auch hervorbringen, und wie viel wird das Studium der Ge-*

schichte gewinnen, denn nun müßen Sie sich damit abgeben, und
es wird bald eine lieblichere Gestalt durch Sie annehmen. – Die
Gegend von Jena ist auch so schön, und der Weg zu uns so la-
chend, (ich komme doch immer wieder auf uns zurück). Dieser
schöne Sommer der uns wieder vereinigen sollte in unsren ehr-
würdigen Thälern, ist doch nicht ganz hin, denn wir können uns
doch sehn, dann und wann. […] ich habe […] gefunden daß das
Schicksal es gut mit uns meint, und uns die freuden Ihres Um-
gangs gönnen will; und dann können wir so oft von Ihnen hören!
wenn nehmlich der E r n s t h a f t e   H e r r   P r o f e ß o r sich noch zu
uns herunter laßen will. Daß Ihnen auch Ihre Geschäfte lieb wer-
den, daran zweifle ich gar nicht. Und Sie werden doch auch im-
mer so viel Zeit haben, Ihren andern lieblings Neigungen nachzu-
gehn, denn wenn die Poesie darunter leiden sollte, dies wäre nun
freilich nicht angenehm für uns andre, die nun doch einmal nicht
Collegia hören können. Wie manchen schönen Stoff werden Sie
nicht noch in der Geschichte ausfinden wenn Sie sie näher durch-
gehn, der sich intereßant bearbeiten ließe, und da werden wir
noch viel trefliches zu hören bekommen. Kurz ich finde es alles so
gut und schön wie es ist.

Schillers Ernennung zum außerordentlichen Professor der
Philosophie (mit dem Lehrauftrag Geschichte) ist auf den 21.
Januar 1789 datiert.

Auch für die Schwestern bringt das neue Jahr zwei wichtige
Veränderungen. Anfang März wird Louise von Lengefeld Hofmeisterin der Rudolstädter Prinzessinnen, was bedeutet, daß
sie auf dem Schloß wohnt und nur noch selten zu Hause ist.
Die Chere mère und ich treten also dieses Jahr ein ähnliches Amt
an, das gar erstaunlich ehrwürdig ist; wir werden beyde sehr
nützliche Glieder für den Staat bilden (schreibt Schiller). *Ich*

Das Griesbachsche Haus in Jena, Schauplatz von Schillers Antritts-
vorlesung. Kupferstich von Ludwig Heß

wünsche nur, daß es ihr e i n t r ä g l i c h e r seyn möchte als mir;
denn daß sie dem ihrigen gewachsen ist, hat sie – (ich muß doch
einmal galant seyn!) in ihren Töchtern bewiesen!
Und Anfang Mai bricht Hofrat von Beulwitz als Begleiter der
beiden Söhne des Erbprinzen mit ihnen zur obligatorischen
Kavaliersreise auf, die ihn etwa ein Jahr von Rudolstadt und
seiner Frau entfernt halten wird. Die Nürnberger Pfefferku-
chen, die er ihr Ende Mai von unterwegs zukommen läßt, gibt
sie an Schiller weiter, der mittlerweile in Jena etabliert ist.

Mitte März war er dort auf Wohnungssuche gewesen und hatte
die Gelegenheit zu einem kurzen Besuch in Rudolstadt genutzt.
Am 30. April legte er seinem letzten Weimarer Brief an die
Schwestern ein Exemplar seines für 50 Taler gekauften Doktor-
diploms bei, *damit sie doch auch etwas zu lachen haben, wenn
Sie mich in einem so lateinischen Rocke erblicken.* Am 11. Mai bezog er sein neues möbliertes Logis, das im Haus zweier älterer

Fräulein Schramm in der Jenergasse lag. Und am 26. Mai hielt er seine Antrittsvorlesung über das Thema »Was heißt und zu welchem Ende studiert man Universalgeschichte?«

Es wurde ein brillantes Debüt. Man empfing ihn zu seiner freudigen Überraschung als berühmten Mann. Schon eine halbe Stunde vor Beginn (um 18 Uhr) war der vorgesehene Hörsaal so voll, daß Schiller in das größte Auditorium von Jena umziehen mußte, und auch das reichte nicht aus, die Menschen standen dichtgedrängt bis in den Flur und zur Haustür. *Ich zog also durch eine Allee von Zuschauern und Zuhörern ein und konnte den Katheder kaum finden, unter lautem Pochen, welches hier für Beyfall gilt, bestieg ich ihn und sah mich von einem Amphitheater von Menschen umgeben. So schwühl der Saal war, so erträglich wars am Catheder, wo alle Fenster offen waren und ich hatte doch frischen Odem. Mit den zehn ersten Worten, die ich selbst noch fest aussprechen konnte, war ich im ganzen Besitz meiner Contenance, und ich las mit einer Stärke und Sicherheit der Stimme, die mich selbst überraschte. Vor der Thüre konnte man mich noch recht gut hören. Meine Vorlesung machte Eindruck, den ganzen Abend hörte man in der Stadt davon reden und mir wiederfuhr eine Aufmerksamkeit von den Studenten, die bey einem neuen Profeßor das erste Beispiel war. Ich bekam eine Nachtmusik und Vivat wurde 3mal gerufen.*

Befreite Herzen

Die wenigen Nachrichten aus dem Ausland, die im Rudolstädter »Wochenblatt« Aufnahme fanden, kamen seit 1788 fast ausschließlich von den Schauplätzen des »zweiten Türkenkrieges«, zu dem das mit Österreich verbündete landhungrige Rußland die Türkei provoziert hatte. Von der großen Finanz- und Staatskrise in Frankreich erfuhren die Leser dieser Zeitung sehr lange nichts. Erst ab Ende April 1789 fanden sie ab und zu knappe, unklare Meldungen, die immer beunruhigender wurden.

Nach Versailles seien Abgeordnete aus allen französischen Provinzen *zu dem dasigen Reichstag gereist, von welcher Zusammenkunft man sich viel Gutes verspricht.*

Zu Marseille hätten 10 000 Mann der dasigen Einwohner das Gewehr ergriffen, um sich ihrer alten Gerechtsame, die man ihnen nehmen wolle, zu versehen.

Bey der Versammlung der nunmehro glücklich vereinigten Stände zu Paris habe man zum ersten Gegenstand der Beratschlagungen die Erleichterungen des Volks in Absicht des Brots gehabt.

Das Volk zu Paris sey zu Anfang dieses Monats sehr unruhig gewesen und habe verschiedene Gefangene auf freyen Fuß gestellt.

Die letzten beiden Meldungen erschienen in der Ausgabe vom 14. Juli, dem Tag des Bastillesturms, über den das »Wochenblatt« vierzehn Tage später berichtete, so wortreich und verstört wie nie zuvor: *Die Nachrichten aus Paris handeln von gräßlichen Verwirrungen, welche daselbst herrschen …*

Die Schwestern halten sich zu dieser Zeit zusammen mit Carolines Freundin Li von Dacheröden zur Kur in Lauchstädt auf. *Hier las uns zuerst ein Bekannter den Sturm auf die Bastille mit Enthusiasmus vor. Wir erinnerten uns oft in späterer Zeit, als dieser Begebenheit die Umwälzung und Erschütterung von ganz Europa folgten, und die Revolution in jedes einzelne Leben eingriff, wie diese Zertrümmerung eines Monumentes finstrer Despotie unserm jugendlichen Sinne als ein Vorbote des Siegs der Freiheit über die Tyrannei erschien, und wie es uns erfreute, daß sie in das Beginnen schöner Herzensverhältnisse fiel.*

Bisher war der Sommer besonders für Schiller ziemlich frustrierend gewesen. Zwar hatte ihn die Professur dem Ziel seiner Wünsche ein großes Stück näher gebracht, aber er sah nur, wie viel ihn noch davon trennte. Er war sich Charlottes keineswegs sicher. Bei zwei kurzen, verunglückten Treffen (im Juni in Rudolstadt, im Juli in Jena) hatte er sie kalt gegen sich gefunden. Vielleicht gehörte ihr Herz immer noch ihrem englischen Freund? Er wußte, daß die chère mère für sie einen hochwohlgeborenen Ehemann ins Auge gefaßt hatte; vielleicht war Charlotte zu sanft und gehorsam, sich den Wünschen ihrer Mutter zu widersetzen? Daß er selbst nicht standesgemäß war, quälte ihn womöglich am meisten, und daß er kein Vermögen hatte und kein festes Einkommen. Wenn man Charlottes Briefe liest, wundert man sich, wie Schiller an ihrer Liebe zweifeln konnte, seine anderen Sorgen aber waren nicht unbegründet.

Guten Morgen, lieber Freund, ich muß Ihnen hier ein Wort sagen, daß Sie sehn daß ich Ihrer denke, und dann sollen Sie auch unsre wohnung in Lauchstaedt wißen, denn ich möchte herzlich gern bald von Ihnen hören, schreibt sie ihm am 13. Juli aus Burgörner, einem nicht weit von Halle gelegenen Landgut der Familie von

Dacheröden. Am Abend zuvor sind sie und Caroline dort ange-
kommen. Sie wollen Li nach Lauchstädt abholen, wo sie ein
Rendezvous verabredet haben: Während sie kuren, soll/will
Schiller zu einem Treffen mit Körner nach Leipzig reisen und
sie unterwegs besuchen. Schon im Januar hatten sich die
Schwestern das so ausgedacht: *Gefällt es Ihnen?*

In Burgörner finden sie Li, ein hübsches, zartes, kränkliches,
empfindsames, erotisches Wesen, in einer seltsamen Lage, die
ihre Dreieckskonstellation mit Schiller spiegelt, mit und zwischen zwei Verehrern nämlich. Der eine ist der sehr gut ausse-
hende Bergassessor Carl von La Roche, ein Sohn der Schriftstellerin, mit dem sie so gut wie verlobt ist; der andere Wilhelm
von Humboldt aus Berlin. Er hat soeben seine juristischen Studien abgeschlossen, und Caroline findet ihn viel interessanter
als La Roche. Beide gehörten zu einer kleinen elitären Freun-
desclique, dem sogenannten Tugendbund, der im Berliner Sa-
lon der Henriette Herz vermutlich durch diese selbst initiiert
worden war. Durch Carl von La Roche war Li als »korrespon-
dierendes Mitglied« des Bundes gewonnen worden, und durch
Li Caroline von Beulwitz. Es gab Statuten, man durchsetzte die
Korrespondenz mit Namens-Chiffren, sprach einander mit
dem vertrauten Du an, teilte aufrührerische, in empfindsame
Schwärmerei verhüllte Vorstellungen von einem freieren und
gleicheren Umgang der Geschlechter und vom moralischen
Heldentum altruistischer Freundschaft und Liebe. Kein Besitz-
denken, keine Eifersucht, kein männlicher Despotismus, die
zarteste Achtung der fremden Individualität!

So erklären die rivalisierenden Bundesbrüder La Roche und
Humboldt das Glück der Geliebten zu ihrem gemeinsamen
Anliegen. *Dein Glück, Deine Ruhe ist die einzige unsrer Sorgen,*

und glaube nicht, daß der aufopfert, der dafür etwas entbehrt. So Humboldt an Li, der nach vielen Gesprächen von Caroline und La Roche zum Sieger (oder Verlierer?) in diesem eigentümlichen Tugendwettkampf erklärt wird. Ganz wohl ist ihm nicht dabei. *Mir schien's, als drängten Carl und Lina, nur aus Liebe zu mir, mich Dir auf.* Li ist trotzdem noch nicht ganz entschieden, was Caroline während des Aufenthaltes in Lauchstädt ändern will, wie sie Schiller ankündigt. Sie werde dort viel mit ihrer Freundin *allein leben, sie ist verschlungen in ihren Gefühlen und in ihren Verhältnissen, und ich möchte das auseinander lösen, denn sie ist mir sehr werth und kann sich sehr in meine Vorstellungen finden, so daß ich sicher bin, auf sie zu wirken. [...] Diesen Nachmittag lasen wir die Künstler zusammen – unbeschreiblich gießt mir dies Licht und Leben in die Seele, Sie werden mir so nah.*

Von Burgörner aus bricht Humboldt ins revolutionäre Paris auf. Sein Reisebegleiter war sein ehemaliger Lehrer Joachim Heinrich Campe, der nach der Rückkehr ein schönes neues Wort in der deutschen Sprache einbürgerte: *Fraternité – Als ich zu Paris im August 1789 nicht bloß dies Wort häufig hörte, sondern auch die Gesinnung, die dadurch angedeutet werden soll, in dem damals so friedlichen, freundlichen und liebreichen Betragen der Republikaner gegen einander beobachtete, und das Beobachtete meinen Landsleuten erzählen wollte: that es mir leid, in unserer, sonst so herzlichen Sprache kein Wort dafür zu finden. »Wie fange ich es denn nun an, dachte ich da bei mir selbst [...], um ihnen begreiflich zu machen, was das sey?« Am Ende wagte ich's, und prägte Brüderlichkeit.*

Die drei Freundinnen fahren nach Lauchstädt weiter. Dort erreicht Caroline Ende Juli ein Hilferuf Schillers.

Das Bild, das Sie mir von Ihrer Freundinn und Ihrem Beyeinan-
derseyn geben, könnte mich fast eifersüchtig und neidisch ma-
chen, wenn Sie mich nicht auch abwesend darinn aufgenommen
hätten. Die Gewißheit daß ich Ihnen nahe bin, daß Sie in Ihren
schönern Stunden sich meiner gern erinnern, dieser Gedanke ist
mir sehr viel, sehr viel werth – aber leider ist dieser Gedanke a l -
le i n auch alles, was ich wirklich m e i n nennen kann. Mein Bild
in Ihrer Seele ist doch immer nicht i c h selbst, und während dem,
daß mein Schatten unter Ihnen wandelt, muß ich selbst hier in
Jena ein desto elenderes Leben führen. Je lebendiger Sie vor mei-
ner Phantasie da stehen, desto mehr erschöpft sich meine Toleranz
gegen die, mich h i e r umgebenden Geschöpfe, desto weniger
kann ich mich mit meiner Einsamkeit aussöhnen. In der That –
ich mache täglich eine traurige Entdeckung nach der andern, daß
ich Mühe haben werde, mit diesem Volk hier zu leben. Alles ist so
alltägliche Waare und die Frauen besonders sind ein trauriges
Geschlecht. Sie wißen, glaube ich, oder wißen Sie es nicht, daß der
weibliche Karakter zu meiner Glückseligkeit so nothwendig ist.
Meine schönsten Stunden danke ich doch Ihrem Geschlecht –
wenn ich besonders noch die Musen dazu rechne, die nicht um-
sonst Frauenzimmer sind. Selbst die Venus Urania ist ja ein Weib,
und ihre irrdischen Töchter sind da, uns bey ihr einzuführen.
Hier haben mich alle Götter und Göttinnen der Schönheit verlas-
sen, denn die grimmige Gesichter der Gelehrten verscheuchen al-
les, was Freiheit und Freude athmet. Kommen Sie ja bald zurück,
kommen Sie mich wieder zum Menschen zu machen, zum Dich-
ter – das ist vorbey. Uebrigens tröstet mich das, daß Sie doch et-
was von mir haben und lesen können, was aus einer glücklichern
Epoche meines Geistes sich herschreibt. Es sind Funken der Glut,
die S i e beide mir gegeben haben, und die jetzt wieder erloschen
sind, da Ihr Athem sie nicht mehr belebt. Wie glücklich wollte ich
seyn, wenn die schönen Hofnungen in Erfüllung giengen, von de-

nen Sie schreiben. Aber wie? Wie sollen sie in Erfüllung gehen, so-lange die armseligsten Nichtigkeiten in einer gewissen Waage mehr gelten, als die entschiedenste Gewißheit eines glücklichen Lebens? Und warum hat der Himmel die Rollen so sonderbar un-ter uns vertheilt, warum spannte er gerade das muthigste Roß h i n t e r den Wagen? Ich weiss nicht, ob ich hier etwas schreibe, was verständlich ist – aber ich verstehe mich recht gut. Könnte ich gewiße Verhältnisse u m k e h r e n, so wäre der heroische Muth, den ich habe, an seiner rechten Stelle. So aber habe ich ihn nur zu meiner eigenen Peinigung und kann ihn niemand anderm mit-theilen.

Caroline versteht Schiller so gut, wie er sich selbst versteht. Als er am 2. August auf dem Weg nach Leipzig in Lauchstädt für eine Nacht absteigt, ermutigt sie ihn – nun ihrerseits von tu-gendhaftem Opfermut beflügelt? –, ihrer Schwester einen Hei-ratsantrag zu machen, den sie stellvertretend schon einmal an-nimmt. *Ist es wahr theuerste Lotte? Darf ich hoffen, daß Caro-line in I h r e r Seele gelesen hat und aus Ihrem Herzen mir beantwortet hat, was ich mir nicht getraute, zu gestehen?* fragt er nach seiner Abreise am nächsten Tag brieflich an, und Char-lotte bestätigt: *Karoline hat in meiner Seele gelesen; und aus mei-nem Herzen geantwortet.* Die hat in ihrer Version der Ge-schichte später diskret die eigene Rolle als Ehestifterin verhüllt. *Die Erklärung erfolgte in einem Momente des befreiten Herzens, den herbeizuführen ein guter Genius wirksam sein muß. Meine Schwester bekannte ihm ihre Liebe und versprach ihm ihre Hand.*

In Leipzig fällt Schiller dem Freund an die Brust und gesteht ihm alles. Noch am gleichen Abend schreibt er den Schwestern.

Dieser heutige Tag ist der Erste, wo ich mich ganz ganz glücklich fühle. Nein! Ich habe nie gewußt, was glücklich seyn ist, als heute. Ein einziger Tag verspricht mir die Erfüllung der zwey Einzigen Wünsche, die mich glücklich machen können. Liebste theuerste Freundinnen, ich verlaße eben meinen Körner – meinen und gewiß auch den Ihrigen – und in der Ersten Freude unsers Wiedersehens war es mir unmöglich, ihm etwas zu verschweigen, was g a n z meine Seele beschäftigte. Ich habe ihm gesagt, daß ich hoffe – biß zur Gewißheit hoffe, von Ihnen unzertrennlich zu bleiben. In seiner Seele habe ich meine Freude gelesen, ich habe i h n mit mir glücklich gemacht. O ich weiß nicht, wie mir ist. Mein Blut ist in Bewegung. Es ist das erstemal daß ich diese so lang zurückgehaltenen Empfindungen gegen einen Freund ausgissen konnte. Dieser heutige Morgen bey Ihnen, diesen Abend bei meinen theuersten Freund vor mir dem ich alles geblieben bin wie ich es war, der mir alles geblieben ist, was er mir je gewesen – soviel Freude gewährte mir noch kein einziger Tag meines Lebens. Körner kündigt mir noch an, daß er bereit sey, Dresden zu verlassen, um Jena zu seinem Auffenthalt zu wählen. Innerhalb eines Jahres kann ich hoffen, auch von ihm unzertrennlich zu werden.
Welche schöne, himmlische Aussicht ligt vor mir!

Die Schwestern kommen zu einem kurzen Besuch nach Leipzig, um Körner, seine Frau Minna und die Schwägerin Dora Stock kennenzulernen. Das Treffen war kein Erfolg. Körner scheint von Charlotte wenig beeindruckt gewesen zu sein (was Schiller monatelang verstimmte). Anschließend begleitet er die Schwestern zurück nach Lauchstädt und fährt dann nach Jena weiter. Außer Körner soll vorläufig niemand von der Verlobung erfahren, auf keinen Fall Charlotte von Kalb, und auch Louise von Lengefeld nicht. *Die Zufriedenheit der guten Mutter, die uns heilig war, hofften wir, obgleich die äußere Lage wohl noch Be-*

denken bei ihr erregen konnte. Um ihr unnöthige Sorge zu erspa-
ren, sollte noch Alles für sie geheim bleiben, bis Schiller eines klei-
nen fixen Gehalts gewiß würde, der seine Existenz in Jena si-
cherte; einen solchen konnten wir von dem Herzoge von Weimar
erwarten.

Alles gemeinschaftlich

Jena, *Dienstag Abends 25. August* 1789.
Wie schön bin ich heute erweckt worden! Das erste worauf mein
Auge fiel waren Briefe von euch. […]
In einer neuen schöneren Welt schwebt meine Seele seitdem ich
weiss daß ihr mein seid. Theure liebe Lotte, seitdem Du Deine
Seele mir entgegen trugst. Mit langen Zweifeln liessest Du mich
ringen, und ich weiss nicht, welche seltsame Kälte ich oft in Dir zu
bemerken glaubte, die meine glühenden Geständniße in mein
Herz zurückzwang. Ein wohlthätiger Engel war mir Karoline, die
meinem furchtsamen Geheimniss so schön entgegenkam. […]
Karoline wirft mir vor, daß ich habe zweiflen können, ihr würdet
mich verstehen, ihr würdet meine Hofnungen mir erwiedern.
Aber eben diese Genügsamkeit, diese Nachgiebigkeit gegen
eine scheinbare Nothwendigkeit fürchtete ich bey euch. Ich fürch-
tete, ihr könntet eure Wünsche in den Zwang der Umstände
einschliessen, und –wie soll ich mich recht deutlich machen? – ich
fürchtete, ihr könntet euch unsre Freundschaft ohne Liebe vollen-
den, und das innre Leben der Freundschaft mit einer Trennung
zusammendenken.

Nach seiner Verlobung mit Charlotte schreibt Schiller ihr Liebesbriefe, die auch an Caroline gerichtet sind, er schreibt Caroline Liebesbriefe, die Charlotte einschließen, er schreibt Liebesbriefe, die an beide gerichtet sind. Und beide schreiben Liebesbriefe an ihn. Die von Caroline wurden später zum größten Teil
vernichtet, vermutlich von Schillers Tochter Emilie.

Also kam ich Dir oft kalt vor? Mein Betragen zu abgemeßen? Du
ahndetest nicht daß eben diese Kälte nur scheinbar war, nur eine

Schiller, Lotte und Line. Lithographie von C. A. Schwerdgeburth

Hülle Empfindungen zu verbergen die ich mir nicht gestehn
wollte, und noch weniger andern, weil ich nicht immer Deiner
Anhänglichkeit für mich gewiß war, oft war es mir als wäre nichts
mehr zwischen uns, und Du fühltest was Du mir wärest, und zu-
weilen wieder als wäre ich Dir nichts, gar nichts.

Die Epoche der Konfessionen hat begonnen.

Jena d. 25. Aug. 89
Dein Brief theuerste liebste Caroline hat meine Seele tief ergriffen
und bewegt, und ich weiss nicht ob ich Dir sogleich etwas daraus
beantworten kann. Aber vor meiner Seele steht es verklärt und
helle, welcher Himmel in der Deinigen mir bereitet ligt. O was für
himmlischschöne Tage öfnen sich uns – In ihrer ganzen Fülle darf
ich sie mir jezt kaum denken, wenn mein Wesen nicht für die
Wirklichkeit ganz unbrauchbar werden soll.
Wir haben einander gefunden, wie wir für einander nur geschaf-
fen gewesen sind. In mir lebt kein Wunsch, den meine Caroline
und Lotte nicht unerschöpflich befriedigen können. Und wohl
mir, Theuerstes meiner Seele, wenn ihr in mir findet, was euch
glücklich machen kann. Schiller spricht von seiner Angst, daß
die neue Nähe ihm schaden könnte. Er wünschte, daß sie all
seine Fehler und Schwächen schon gesehen und ihn trotzdem
gewählt hätten. *Solang ich fürchten muß, daß euch Mängel in*
mir überraschen können, worauf ihr nicht bereitet wart, solange
seid ihr nicht mein auf ewig. Eure Herzen hab ich durchschaut,
und meine Empfindung für euch ist keinem Wandel mehr unter-
worfen. Er hofft, daß sie *wandelbare Erscheinungen* in ihm nicht
mit seinem unveränderlichen Wesen verwechseln werden. Und
er wirbt um Verständnis dafür, daß er so ist, wie er ist: *An m e i -*
n e m Wesen haben Schicksale sehr gewaltsam gezerrt. Durch eine
traurige düstre Jugend schritt ich ins Leben hinein, und eine herz-

und geistlose Erziehung hemmte bei mir die leichte schöne Bewe-
gung der ersten werdenden Gefühle. Den Schaden, den dieser un-
selige Anfang des Lebens in mir angerichtet hat fühle ich noch
heute – Ach ich fühle ihn in diesem Augenblick! Denn ohne ihn
würde selbst dieses Misstrauen mich nicht martern.

Sein vorherrschendes Gefühl aber ist in diesen Wochen und
Monaten doch ungeduldige Vorfreude. Er schwelgt in Träume-
reien von ihrer ménage à trois:

Nur zwey Worte meine Lieben, es ist Posttag und ich kann ihn
nicht vorübergehen laßen, ohne euch zu grüßen. Der Himmel ist
heute so heiter, und meine Seele ist es auch – eben dacht ich, wie
schön es wäre, wenn ich nur von einem Zimmer ins andre zu ge-
hen brauchte, um bey euch zu seyn. Ach! Wenn es erst so weit seyn
wird! Wenn ich jedes aufglimmende Gefühl meiner Seele sogleich
in euer Herz überströmen kann! […]
Adieu meine Theuersten. Ich drücke euch an mein Herz.

Ach! Wie schön wird es in der Zukunft seyn, wenn wir alle Schrif-
ten […] gemeinschaftlich miteinander genießen, und jedes Gute
und Schöne darinn, veredelt durch das Gepräge, das wir darauf
drücken, in unsern Seelen niederlegen; wenn alles unter uns ge-
meinschaftlich seyn wird, biss auf die Erwerbungen unsers Geists!
Schlaft wohl liebste theuerste. […] Diesen Kuß bringe euch der
gute Engel unser Liebe!

O meine theure Caroline, meine theure Lotte! Wie so anders ist
jezt alles um mich her, seitdem mir auf jedem Schritt meines Le-
bens nur euer Bild begegnet. Wie eine Glorie schwebt eure Liebe
um mich, wie ein schöner Duft hat sie mir die ganze Natur über-
kleidet. Ich komme von einem Spaziergang zurück. In dem großen

freien Raume der Natur, wie in meinem einsamen Zimmer – es
ist immer derselbe Ether, in dem ich mich bewege, und die schön-
ste Landschaft ist nur ein schöner Spiegel der immer bleibenden
Gestalt. Nie hab ich es noch so sehr empfunden, wie frey unsre
Seele mit der ganzen Schöpfung schaltet – wie wenig sie doch für
sich selbst zu geben im Stande ist, und alles, alles von der Seele
empfängt! […]
Meine Seele ist jezt gar oft mit den Scenen der Zukunft beschäf-
tigt; unser Leben hat angefangen, ich schreibe vielleicht auch, wie
jezt, aber ich weiss e u c h in meinem Zimmer, Du Karoline, bist
am Klavier und Lottchen arbeitet neben Dir, und aus dem Spie-
gel, der mir gegenüber hängt, seh ich euch beide. Ich lege die Feder
weg, um mich an eurem schlagenden Herzen lebendig zu über-
zeugen daß ich euch habe, daß nichts nichts euch mir entreissen
kann. Ich erwache mit dem Bewußtseyn, daß ich euch finde,
und mit dem Bewußtseyn, daß ich euch morgen wieder finde,
schlummre ich ein. Der Genuß wird nur durch die Hofnung un-
terbrochen, und die süße Hofnung nur durch die Erfüllung, und
getragen von diesem himmlischen Paar verfliegt unser goldenes
Leben!

Hatte Schiller Körner nicht etwas von seiner durch Teilen ge-
schwächten Empfindung geschrieben? Nur wenn man eins und
eins nicht zusammenzählt. Und was für ein gestärktes Ego!

Am 18. September kommt Schiller zu einem etwa einmonati-
gen Besuch nach Rudolstadt; wie im vergangenen Jahr wohnt
er in Volkstedt beim Kantor Unbehaun. Er lebt mit Caroline
und Charlotte so, wie er ihnen schreibt, seine Liebe zu gleichen
Teilen verschenkend – oder doch nicht ganz zu gleichen Teilen?
Charlotte quält sich mit ängstlich-eifersüchtigen Zweifeln, die
sie Li von Humboldt anvertraut, in nicht erhaltenen Briefen,

deren Inhalt sich aus Lis bemerkenswert lebensklugen und psychologisch scharfsichtigen Antworten erschließen läßt.

Vielleicht liebt Schiller Caroline mehr als sie? Es kommt ihr so vor, als hätten sich seine Gefühle seit der Verlobung verändert, als stehe er der Schwester nun näher und ihr ferner. Paßt er nicht überhaupt viel besser zu Caroline? Wird sie, Charlotte, ihm genügen können? Muß sie sich gar aufopfern und für die Schwester auf Schiller verzichten? In ihren Briefen wird sie für den Namen Schiller als Chiffre das Gleichheitszeichen (=) gesetzt haben, das ihn in der Korrespondenz der Freundinnen bezeichnete.

Es ist ein Gedanke, wert in Deinem schönen Herzen geboren zu sein, = u. L[ine] zusammen zu verbinden (antwortet Li), *aber Lotte, es ist mir eine ware Bemerkung im Menschenleben, daß wir an unsrer reellen Kraft verlieren wenn wir über das menschliche hinaus wollen, u. das wäre hier der Fall. Ich glaube Du köntest es volbringen, eben so gewis aber bin ich auch daß Du in dieser Handlung alle Kräfte Deines Wesens erschöpftest – die Kräfte, meine Teure, die Dir auf dein ganzes Leben gegeben – Du würdest Dich aufreiben one es Dir vielleicht selbst gestehen zu wollen. Und L[ine] und = sie, die Dich mit so unendlicher Liebe in irem Herzen tragen, glaubst Du daß sie glüklich sein könten durch s o l c h ein Opfer?*
Sie erinnert sie daran, daß sie selbst mit Carl von La Roche und Humboldt in einem ganz ähnlichen Verhältnis stehe, wie Schiller mit ihr (Lotte) und Line – *u. keiner von inen fühlt eine Leere.*
Es sei eine enge, irrige Vorstellung zu glauben, *daß es nur e i - n e n Ausdruk für dasselbe Gefühl gebe. [Schillers] heiliges Herz umfaßt Euch beide, vermischt Euch u doch steht ir wieder allein*

u. verschieden in seiner Sele, jede in schöner eigner Grazie, jede im
verschiedenen Ausdruk desselben Gefüls.
Sie hätte gewünscht, *daß die süße Harmonie Eures Verhältnißes*
durch keinen Misklang unterbrochen worden wäre, aber da es
nun einmal geschehen, so las mich Dich [...] bitten Dich mit =.
zu erklären. Ich weis aus einer traurigen Erfarung welche Hirnge-
spinste die getrübte Phantasie ausbrütet u. Dein zartes Herz muß
nicht mit diesen Unholden erfüllt sein – sei offen, w a h r mit Dei-
nem Geliebten – ich wolte zwar mein Leben zum Unterpfand ge-
ben daß es so ist wie ich glaube, daß =. eigentlich keine von Euch
m e r, daß er Euch aber verschieden liebt, doch wünsche ich innig
daß Du es aus seinem eignen Munde hörst. Diese Verschiedenheit
liegt in Deinem u. Linas Wesen u. ist Dir warscheinlich erst jezt
anschaulich geworden, weil =. erst jezt seine Gefüle zeigen durfte
– aber glaube mir, sie ist so alt wie Eure bekantschaft – O Lotte,
ich fürchte Du umfaßest ein Ideal daß Du nie Beseßen hast – die
Männer, selbst die besten, können nicht lieben, wie wir, ire Sele
kan nicht ruhen in e i n e m Gegenstand, nicht sich verlieren in
Liebe – sie fülen noch ir Wesen wärend wir es vergeßen haben.

In einem Brief an Schiller vom 8. und 9. November spricht
Charlotte sehr vorsichtig an, was sie bewegt. *Wenn zuweilen*
meine Gefühle zu hoch gestimmt sind, und ich dann alles mit
mehr Innigkeit umfaße, kommt mir auch ein Gedanke mit, der
mir weh thut. Ob Du mich auch immer so finden wirst wie mein
Wesen in Deiner Seele steht. Könntest Du Dir nicht zu hohe Be-
griffe von mir machen? Kann ich Dir auch wirklich so wie meine
warme Liebe zu Dir es möchte, Dein Leben verschönern, Lieber?

Vielleicht hat sie ihm (in einem nicht erhaltenen Brief?) auch
noch deutlicher ihre Sorgen vorgetragen, oder er hörte in diesen Sätzen die Fragen mit, die sie nicht ausdrücklich gestellt

hatte. Jedenfalls antwortet er am 15. November mit einer Erklärung, die an Offenheit nichts zu wünschen übrigläßt.

Du kannst fürchten liebe Lotte, daß Du mir aufhören könntest zu seyn was Du mir bist. So müßtest Du aufhören mich zu lieben! Deine Liebe ist alles was Du brauchst, und diese will ich Dir leicht machen durch die meinige. Ach das ist eben das höchste Glück in unsrer Verbindung, daß sie auf sich selbst ruhet und in einem einfachen Kreise sich ewig um sich selbst bewegt – daß mir die Furcht nicht mehr einfällt, euch jemals weniger zu seyn, oder weniger von euch zu empfangen. Unsere Liebe braucht keiner Ängstlichkeit, keiner Wachsamkeit, – wie könnte ich mich zwischen euch beiden meines Daseyns freuen, wie könnte ich meiner eigenen Seele immer mächtig genug bleiben, wenn meine Gefühle für euch beide, für jedes von euch, nicht die süße Sicherheit hätten, daß ich dem andern nicht entziehe, was ich dem Einen bin. Frey und sicher bewegt sich meine Seele unter euch – und immer liebevoller kommt sie von Einem zu dem andern zurücke – derselbe Lichtstral – laßt mir diese stolzscheinende Vergleichung – derselbe Stern, der nur verschieden wiederscheint aus verschiedenen Spiegeln.

Caroline ist mir näher im Alter und darum auch gleicher in der Form unserer Gefühle und Gedanken. Sie hat mehr Empfindungen in mir zur Sprache gebracht als Du meine Lotte – aber ich wünschte nicht um alles, daß dieses anders wäre, daß D u anders wärest als Du bist. Was Caroline vor Dir voraus hat, mußt Du von mir empfangen; Deine Seele muß sich in meiner Liebe entfalten, und m e i n Geschöpf mußt Du seyn, Deine Blüthe muß in den Frühling meiner Liebe fallen. Hätten wir uns später gefunden, so hättest Du mir diese schöne Freude weggenommen, Dich für mich aufblühen zu sehen.

Es scheint, als habe Schiller seine Braut mit diesen Sätzen an den Rand einer Depression getrieben. Jedenfalls hat er sie nicht beruhigt. Sie fiel aus ihrer Rolle.

Charlotte an Schiller, am 19. November
Zwei Deiner lieben Briefe liegen neben mir, und ich durchlas sie eben wieder, um Dir etwas darüber zu sagen soviel wie mein armer Kopf heute herausbringen kann. Der Schmerz verfolgt mich wie die Furien dem Orest, und beinahe verbittert er mir mein leben, wie sie es ihm thaten. Jeder helle Blick der frohen Zukunft, ist erloschen in mir, in solchen Momenten, eng und arm ist meine Seele, und es ist mir als müßte ich mein ganzes Leben so zubringen. Der traurige Anfang des Winters mag das Uebel ärger machen, das vielleicht sich eher wieder verlöhre. Ich habe nebendem dieses jahr viel Unruhe gehabt [...]. Und zu dem Allen, das größte aller Uebel, Sehnsucht nach Dir, mein bester, Geliebter, dies alles vereinigt sich nun, und dringt aufeinmal auf mich los.

Schiller an Charlotte, am 23. November:
Kummer drückt Dich meine theure Lotte, nicht Krankheit allein, Dein Brief hat mich geängstigt. Was ist Dir? Du hast düstre Blicke in die Zukunft, Dein Herz ist gedrückt. Ich erkenne Deinen ruhigen heitern Geist in dieser Stimmung nicht mehr, und werde nun die Ruhe wieder zurückwünschen müssen, die ich Dir sonst zum Vorwurf gemacht habe. Wenn es nicht das Ungewisse in unserm Schicksale ist, was kann Dich betrüben, meine Lotte? – O erhalte mir Deine Zufriedenheit, die stille sanfte Gleichheit Deiner Seele, die mir so wohlthätig werden soll, die meinen unruhigen Geist liebevoll zurückrufen wird. Lass mich immer – immer in den tiefsten Grund Deiner Gedanken blicken – und wenn alles trüb und umwölkt ist um uns her, so laß Deine Seele mir

*helle seyn! Schreibe mir bald meine Liebe, daß Du beßer und
heiter bist.*

Das ist mehr als nur ein Wunsch, das ist eine Erwartung, eine
Lebensaufgabe, und Charlotte nimmt sie an.

*Meine Seele ist heller, mein Theurer Einziger; und es wird so blei-
ben. Mein Geist wird ganz heiter wieder werden, und ich werde
diese ruhige Stimmung wieder erhalten, die meine Seele in reinen
Einklang erhält, um Dir das leben schöner zu machen.*

Mit Schillers Hilfe entdeckt sie ihre Stärken. Es ist weniger
ein Charakter als ein Temperament, das sie in ihren Braut-
briefen nun immer freigebiger als Mitgift vor ihm ausbreitet:
Sanftheit, Nachgiebigkeit, Selbstbeherrschung, Verbindlichkeit,
Natürlichkeit, Ausgeglichenheit, Heiterkeit, vor allem aber
Ruhe. Die Schwester ist Unruhe. *Ich suche recht still und ruhig
in mir selbst zu sein, daß ich ihr […] einen wohlthätigen Eindruck gebe.*

Dichterliebe

Wie kamen streng christlich erzogene junge Menschen dazu, sich auf so gefährliche Beziehungsspiele einzulassen? Natürlich, die Literatur war schuld. Wenn Schiller Charlotte versicherte, *daß ich dem andern nicht entziehe, was ich dem Einen bin,* zitierte er damit (nicht wörtlich, aber doch sinngemäß) aus Goethes Theaterstück »Stella«, das 1776 mit der Bezeichnung »Ein Schauspiel für Liebende« erschien. Es erzählt von einem Mann, einem *schönen langen Offizier* namens Ferdinand, der die zwei Frauen, die er nacheinander geliebt und verlassen hat, zur gleichen Zeit wiederfindet. Wie, für wen soll er sich entscheiden? Die eine, Cezilie, ist seine legitime Ehefrau und Mutter seiner Tochter, die andere, Stella, die jünger und attraktiver ist, liebt er mehr und wird von ihr leidenschaftlich geliebt. Als Ausweg entwirft der Dichter die Utopie einer ménage à trois, die er Cezilie in Herz und Mund legt. Sie erzählt dem ratlosverzweifelten Ferdinand die Geschichte vom Grafen von Gleichen in einer Version, die ihre eigene Großmut vorbildhaft spiegelt: *Nimm alles was ich dir geben kann!* läßt sie die Gräfin Gleichen zur Sultanstochter und Retterin ihres Mannes sagen. *Nimm die Helfte des, der ganz dein gehört – Nimm ihn ganz! Lass mir ihn ganz! Jede soll ihn haben, ohne der andern was zu rauben – Und rief sie an seinem Hals, zu seinen Füssen: Wir sind dein! – – – Sie fassten seine Hände, hingen an ihm – Und Gott im Himmel freute sich der Liebe, und sein heiliger Stadthalter sprach seinen Seegen dazu. Und ihr Glük, und ihre Liebe fasste seelig Eine Wohnung, Ein Bett und Ein Grab.* Eine zweite, viel spätere Fassung der »Stella« ließ Goethe dann ziemlich unvermittelt tragisch enden, ein Zugeständnis an die herrschende Moral, aber auch ein Zeichen dafür, daß er, realitätsbewußter geworden, die Schwäche des menschlichen Herzens erkannt hatte, die so großzügigen Lösungen – *selig Eine Wohnung Ein Bett* – kaum je gewachsen ist. Das mit dem Grab läßt sich leichter machen.

Doch sicher hatte Goethe ein jüngeres, sehr viel aktuelleres literarisches Modell als die Sage vom Grafen Gleichen vor Augen, als er die »Stella« schrieb, nämlich Rousseaus Briefroman »Julie ou La Nouvelle Héloïse« (1760/61), einen der größten Publikumserfolge des 18. Jahrhunderts und für Caroline das prägende Leseerlebnis ihrer Jugend. Es ist das Manifest einer neuen revolutionären Moral, das gegen den Despotismus der Vaterwelt mit ihren autoritären Normen und erstarrten Konventionen polemisiert. Der Plot war skandalös: Ein Hauslehrer verführt seine fromme, aus vornehmem Hause stammende Schülerin und macht ihr ein Kind; der strenge Vater verheiratet sie mit einem standesgemäßen Freigeist, der sich Jahre später bereit erklärt, den einstigen Liebhaber seiner Frau in sein Haus, seinen familiären Zirkel aufzunehmen … *Seitdem galt eine solche Ehe zu Dreien für möglich, ja für schön.* So Wilhelm Fielitz, der 1879 unter dem Titel »Schiller und Lotte« (!) erstmals den (fast) vollständigen Briefwechsel Schillers mit den Schwestern publizierte, obwohl er scharf mißbilligte, was er nur als Manifestation eines verirrten Zeitgeistes begreifen konnte. *Sicherlich haben wir keinen Grund, eine Zeit zu beglückwünschen, die das sittlich Unmögliche und Unerlaubte eines solchen Verhältnisses nicht klar und lebendig empfand.* Damit macht er es sich freilich allzu einfach, denn die Utopie der harmonischen Dreierbeziehung ist im emphatischen Sinne moralisch begründet, verdankt sie sich doch gerade der Einsicht in die Fragwürdigkeit einer Moral, die eine dem Christentum zentrale Botschaft nicht ernst nimmt – Liebe ist die größte aller Tugenden – und die menschliche Natur damit gleichsam kriminalisiert. Denn Liebe i s t teilbar und unsere Neigungen s i n d veränderlich.

Erzählt wird Julies Geschichte auf Hunderten von Seiten in den redseligen Briefen der Protagonisten, die in ihren tugendhaften, bittersüßen Gefühlen schwelgen und sie bis zum Exzeß kultivieren. Allen voran die Titelheldin, von der Victor Klemperer feststellte, sie habe gewiß ihren Ehemann, ihren Geliebten, ihre Familie, ihre Freundin geliebt, doch *letztlich galt ihre Liebe doch nur sich selber, genoß sie den Überschwang des eigenen Herzens.*

Als dezidiert »Rousseausches Mädchen« war Caroline wohl die Seele, die heimliche Anstifterin der Dreiecksbeziehung, von der hier erzählt wird, aber Schiller ließ sich gern darauf ein. Sie erlaubte ihm (oder so schien es), zugleich treu und untreu zu sein und seine widerstreitenden Wünsche und Bedürfnisse miteinander zu versöhnen. Zugleich Narziß (*Caroline ist mir [...] gleicher in der Form unserer Gefühle und Gedanken*) und Pygmalion (*Was Caroline vor Dir voraus hat, mußt Du von mir empfangen),* konnte er sich doppelt selbst genießen, und das mit bestem Gewissen, nach Maßgabe der platonisch inspirierten Liebes- und Kunstphilosophie, die er in einem genialischen Brief an Reinwald skizzierte und etwas später in seinen »Philosophischen Briefen« zu einer Art Liebesreligion ins Unersättliche hochschraubte: *Wenn ich hasse, so nehme ich mir etwas, wenn ich liebe, so werde ich um das reicher, was ich liebe. [...] Wenn jeder Mensch alle Menschen liebte, so besäße jeder Einzelne die Welt.*

Ausgehend von der These: *Jede Dichtung ist nichts anderes, als eine enthousiastische Freundschaft oder platonische Liebe zu ei-*

nem Geschöpf unsers Kopfes, reflektierte er am Morgen des 14. April 1783 *früh in der Gartenhütte* seines Bauerbacher Exils den edlen Narzißmus von Poesie u n d Liebe, und beide als Zwillingsphänomene:

Für alle Charaktere, die ein Dichter erschafft, findet er die Urstoffe in seiner Seele, in seinen idealischen Helden liebt er sich selbst. Aber ist nicht auch die Liebe eine Leistung der Phantasie, die ihr Ideal weiblicher Vollkommenheit auf eine reale Person projiziert? *Was ist Freundschaft oder platonische Liebe denn anders, als eine wollüstige Verwechslung der Wesen? oder die Anschauung unserer Selbst in einem andern Glase? – L i e b e, mein Freund, das grose unfehlbare Band der empfindenden Schöpfung ist zulezt nur ein g l ü k l i c h e r B e t r u g. Erschreken, entglühen zerschmelzen wir für das F r e m d e, uns ewig nie eigen werdende, Geschöpf? Gewis nicht. Wir leiden jenes alles nur für uns, für das I c h, deßen Spiegel jenes Geschöpf ist. Ich nehme selbst G o t t nicht aus. Gott wie ich mir denke, liebt den Seraph so wenig als den Wurm der ihn unwißend lobet. Er erblikt s i c h, sein groses unendliches S e l b s t, in der unendlichen Natur umher gestreut. – In der allgemeinen Summe der Kräfte berechnet er augenbliklich Sich selbst – S e i n Bild sieht er aus der ganzen Oekonomie des Erschaffenen vollständig, wie aus einem Spiegel, zurükgeworfen, und liebt S i c h in dem A b r i s s, das b e z e i c h n e t e in dem Z e i c h e n. Wiederum findet er in jedem einzelnen Geschöpf (mehr oder weniger) T r ü m m e r seines Wesens zerstreut.*

Dieser Poet, der sich wie Gott liebend in seinen Schöpfungen spiegelt, ist ein Bruder des Torquato Tasso, in dem Goethe das Psychogramm seines prekären Berufes gezeichnet hat. Idealisierende Einbildungskraft, Gedankentiefe, Enthusiasmus, Reizbarkeit, zarte Empfindsamkeit, eben die Eigenschaften, die ihn

zum Dichter und – zum Liebling der Frauen machen, bringen
Tasso im gleichnamigen Drama in Konflikt mit der Realität der
Hofwelt von Ferrara und führen ihn in die Katastrophe. Als das
Stück beginnt, sind die Weichen schon gestellt. Er liebt, er
schwärmt. An die Bäume im Garten des Lustschlosses Belri-
guardo hängt er seine Gedichte, in denen eine hohe Geliebte
verherrlicht wird, unter einem Namen, den zwei vornehme
Frauen, eine idealistische Prinzessin und eine sinnliche Gräfin,
miteinander teilen. Wen meint er damit? Eine reale Person, eine
wahre Liebe, wie die Prinzessin vermutet – also eine von ihnen?
Ein Ideal, das nicht von dieser Welt ist, wie die Gräfin glaubt?

PRINZESSIN
Und wenn er seinen Gegenstand benennt,
So gibt er ihm den Namen Leonore.

LEONORE
Es ist dein Name wie es meiner ist.
Ich nähm' es übel, wenn's ein andrer wäre.
Mich freut es daß er sein Gefühl für dich
In diesem Doppelsinn verbergen kann.
Ich bin zufrieden, daß er meiner auch
Bei dieses Namens holdem Klang gedenkt.
Hier ist die Frage nicht von einer Liebe,
Die sich des Gegenstands bemeistern will,
Ausschließend ihn besitzen, eifersüchtig
Den Anblick jedem andern wehren möchte.
Wenn er in seliger Betrachtung sich
Mit deinem Werth beschäftigt, mag er auch
An meinem leichtern Wesen sich erfreun.
Uns liebt er nicht, – verzeih, daß ich es sage! –
Aus allen Sphären trägt er was er liebt

133

Auf einen Namen nieder, den wir führen,
Und sein Gefühl theilt er uns mit; wir scheinen
Den Mann zu lieben, und wir lieben nur
Mit ihm das Höchste was wir lieben können.

PRINZESSIN
Du hast dich sehr in diese Wissenschaft
Vertieft, Eleonore, sagst mir Dinge,
Die mir beinahe nur das Ohr berühren
Und in die Seele kaum noch übergehn.

LEONORE
Du? Schülerin des Plato! nicht begreifen,
Was dir ein Neuling vorzuschwatzen wagt?
Es müßte sein, daß ich zu sehr mich irrte;
Doch irr' ich auch nicht ganz, ich weiß es wohl.

Genauso ist es …

Zwei Häuser aneinander

Es ist Dezember geworden. Vier Monate sind vergangen, seitdem Charlotte Schillers Heiratsantrag angenommen hat. Täglich, stündlich hat er sich seitdem an den Bildern seines zu-
künftigen Lebens berauscht, und immer noch ist nichts entschieden, hat Louise von Lengefeld nichts erfahren, weiß er
nicht, wie, wo, wovon er mit seiner Frau (seinen Frauen) leben
wird. In dieser Ungewißheit kann er nicht weiterleben. Am 12.
Dezember trifft er sich mit den Schwestern zu Zukunftspla-
nungen in Weimar, deren Ergebnis er Körner gleich nach seiner
Rückkehr mitteilt:

Das Professorendasein ist ihm inzwischen völlig verleidet, und
die ungeliebte Arbeit bringt ihm zuwenig ein. Deshalb wird er
den Herzog von Weimar um ein festes Gehalt ersuchen, was
man ihm, so erwartet, so hofft er, gewiß verweigern werde.
Dann kann er seine Professur niederlegen und mit seiner Frau
nach Rudolstadt ziehen. Von seinen Einkünften und dem Geld,
was Lottchen von ihrer Mutter zu erwarten hat, werden sie gut
leben können. Übrigens wäre dieser Umzug auch im Interesse
von Louise von Lengefeld, *da die Entfernung der einen Tochter
bald auch die Entfernung der andern zu Folge haben würde, denn
die Beulwitz stimmt sehr übel mit ihrem Mann zusammen, und
nur die Gesellschaft ihrer Schwester machte ihr dieses Verhältniß
biß jezt leidlich. Allein lebt sie nicht mit ihm, und ihre Mutter
ahndet dieses schon längst, und ist sehr unruhig darüber. Er ist
ein recht schätzbarer Mann von Verstand und Kenntnissen; dabey
denkt er gut und edel – aber es fehlt ihm an Delikateße, und seine
Frau weiß er nicht zu behandeln, Sie hat weit mehr Geist als er,
und eine ganz eigne Feinheit der Seele, für die er nun ganz und*

Wilhelm Freiherr von Humboldt.
Bleistiftzeichnung von den Gebrüdern Henschel

gar nicht gemacht ist. Diesem übeln Verhältniß wird abgeholfen,
wenn wir, die Lengefeld und ich, mit Beulwitz und seiner Frau
zusammen leben. Er und ich stehen gut, und vertragen uns gut
miteinander, und wenn die Beulwitz nicht auf die Gesellschaft ih-
res Mannes eingeschränkt ist, so geht auch mit ihr alles besser. Im
Hause haben wir Platz, es sind 2 Häuser aneinander, die commu-
nication haben, und seitdem die Mutter nach Hof gezogen ist, ist
Platz für uns geworden.

Es ist wieder Caroline, die das Schweigen bricht und die
schwierige Aufgabe übernimmt, Louise von Lengefeld alles zu
beichten und zum Einverständnis mit der Heirat zu bewegen.
Schriftlich geht so etwas leichter. Am 14. Dezember reisen die
Schwestern nach Erfurt zu Li, einen Tag später schreibt Charlotte an Schiller: *Heute geht der Brief von hier aus, an die ch[ère]*

Caroline Freifrau von Humboldt, geb. von Dacheröden.
Zeitgenössische Lithographie

m[ère] ab. Ich habe ihr auch geschrieben, Ihr gesagt wie das Glück meines lebens nur an dem Gedanken hängt, für dich in der Welt zu sein mein liebster, und dies alles wird tiefen Eindruck auf sie machen. Morgen früh wird er ankommen; staunen wird die gute ch[ère] m[ère] wohl, wenn sie Linens lange Epistel liest, die ihr alles recht detaillirt hat.

Staunen? Louise von Lengefeld am 16. Dezember:
Dein heutiger Brief meine Caroline hat mich so erschüttert u. uberascht daß ich nicht in stande bin eine einzige Zeile darauf zu antworten. Daß kann Lottchen versichert seyn, daß nie mein Mund heuchelte, wenn ich Euch sagte, daß auf Eure Glückseeligkeit meine ganze Wohlfahrt gegründet sey. Mehr heute zu sagen ist unmöglich. Ich bitte Gott daß er uns alle Regieren möge.

Nach einer kurzen Bedenkzeit gab sie der Verbindung ihren Segen: *Ja ich will Ihnen das beste und liebste was ich noch zu geben habe, meine gute Lottchen geben,* schrieb sie am 21. Dezember an Schiller. *Verzeihen Sie aber der Sorgsamkeit und der Pflicht einer Mutter, können Sie L[ottchen] neben Ihrer zärtlichen Liebe, (nicht ein [glän]zendes Glück) sondern nur ein gutes [Ausk]ommen verschaffen? Beruhigen Sie mich [über] diesen Punkt und ich nenne Sie mit [Freude]n Sohn.*

Auf seinen Plan, die Professur aufzugeben und nach Rudolstadt zu ziehen, kam Schiller nicht mehr zurück. Die Schwiegermutter wird (wie sein Vater) davon nicht viel gehalten haben. Der Herzog von Weimar sagte ihm ein festes Gehalt von 200 Reichstalern zu, der Herzog von Sachsen-Meiningen dekorierte ihn mit dem Titel eines Hofrats, und so stand einer Heirat – möglichst bald! – nichts mehr im Wege.

Um die gleiche Zeit, Mitte Dezember, verlobten sich in Erfurt Li von Dacheröden und Wilhelm von Humboldt, auch eine Verbindung, die Caroline gestiftet hatte: *Unsere Karoline ist dazu ausersehen, Heirathen zu machen.* Doch damit war sie noch lange nicht zufrieden. Sie hatte große Projekte für eine gemeinsame Zukunft, Humboldts und Schillers und sie selbst, alle zusammen an einem Ort, die Männer mit gutbezahlten Stellungen, die viel Zeit zum Schreiben ließen. Verschaffen sollte sie ihnen Carl Theodor von Dalberg. Der Statthalter von Erfurt und designierter Nachfolger des Kurfürsten von Mainz war ein aufgeklärter, kultivierter Mann, ein Förderer der Wissenschaften und der Künste – und mit Li gut befreundet.

Zuschauer

Was ist Liebe? Narzißmus, eine Schöpfung der Phantasie, ein glücklicher Betrug, Sehnsucht nach göttlicher Vollkommenheit (antwortet Schiller in seinem Bauerbacher Brief an Reinwald), aber zugleich auch wollüstiger Trieb, Kannibalismus… *Der ewige innere Hang, in das Nebengeschöpf überzugehen, oder daßelbe in sich hineinzuschlingen, es anzureissen ist Liebe. Und sind nicht alle Erscheinungen der Freundschaft und Liebe – vom sanften Händedruk und Kuß bis zur innigsten Umarmung – soviele Äußerungen eines zur Vermischung strebenden Wesens?*

Auf die Vermischung mit Charlotte mußte er bis zur Hochzeitsnacht warten. Und Caroline, die er in seinen Briefen immer öfter zärtlich Line nannte? Im Nachlaß des Schriftstellers Varnhagen von Ense findet sich die folgende auf den 9. April 1847 datierte Gesprächsnotiz: *[Alexander von] Humboldt sagte mir heute ohne alle Umschweife, daß Frau von Wolzogen, ehe Schiller ihre Schwester heiratete, mit ihm in heißen Liebesflammen gestanden, und [er] nur aus diesem Anlaß und aus dieser Einwirkung die Schwester geheirathet habe. Er sagte ganz derb heraus: «Elle a commencé à coucher avec Schiller, et plus tard avec Dalberg.»*

Noch nach Jahrzehnten erinnerter Geschwisterklatsch. Ende Dezember 1789 hatte Wilhelm von Humboldt Schiller endlich persönlich kennengelernt, vom 31. Dezember bis 2. Januar trafen sich beide Dreiecke in Weimar, Li mit Humboldt und Carl von La Roche, Schiller mit Lotte und Line.

Hier war's eine eigene Existenz, berichtet Humboldt seiner Verlobten nach der ersten Begegnung, am 26. Dezember. *Schiller
wurde in den ersten Stunden vertraut, das heißt er genierte sich
nicht. Aber die Art, wie sie untereinander sind, drückte mich oft.
Wenn ich Karolinen ansah, über ihn hingelehnt, das Auge
schwimmend in Tränen, den Ausdruck der höchsten Liebe in jedem Zuge – ach, ich kann's Dir nicht schildern, wie mir's dann
ward. Denn es war kein freies Äußern, kein Hingeben in die Empfindung, alles gehalten, gespannt. So viel Fähigkeit, zu geben und
zu genießen, und die gehemmt. Wenn es nun so fortgeht, denk ich
immer, tötet endlich das ewige Hemmen die Kraft, es stirbt hin,
was in sich so beseligt, so viel Schönes erzeugt hätte, und man sitzt
endlich wie der Adler mit gelähmtem Flügel am Strande des Mee-
res und blickt zur Sonne und vermag kaum mehr den Gedanken
zu fassen: ich war einst da. [...]
In Schillern fand ich sehr viel, und doch waren unsre Gespräche
meist scherzend und nicht wenig leer oder doch von sehr kaltem
Interesse. Aber auch da so viel Geist und dann manchmal ein
Blick von Karolinen von so tiefem, allumfassendem Gefühl. [...]
Lotten gibt auch die Liebe kein Interesse; sie war an seiner Seite
wie fern von ihm. Er gegen beide? Hast Du ihn nie Karolinen
küssen sehen und dann Lotten?*

Die kleine Schwester kommt bei den Humboldts schlecht weg,
die das Beziehungsdrama als faszinierte und besorgte Zu-
schauer kommentieren. *Wie sonderbar hat das Schicksal dieses
verschlungen! doch nein, sie haben sich selbst vieles verwirrt.* All
ihr Mitgefühl gehört Caroline, die sich wohl doch zuviel zuge-
mutet hat. Li fürchtet, Charlotte werde einen *arroganten Ton
gegen sie annehmen. Das sind die Früchte, wenn man die Pflanze
nicht in dem Erdreich läßt, für welches sie bestimmt war.*
Lotte ist aus ihrer Sphäre herausgerissen. Sie war gemacht, in ei-

nem engen Kreis von Empfindungen zu leben, und sie wäre glück-
lich dabei gewesen und hätte nichts darüber gedacht. Man hat ihr
das Höhere gezeigt, und sie hat danach gestrebt, ohne das innere
Vermögen zu haben, es zu genießen, das sich nie gibt. Ich bin sehr
traurig um Karolinen. Sie ist unauflöslich an mein Herz gebun-
den, und ich fürchte, sie geht noch an diesem Verhältnis zu-
grunde. Eine Unerklärlichkeit bleibt mir in Schillern. Hat er nie
Karolinens Liebe empfunden, wie konnte er mit Lotten leben wol-
len? Hat er sie gefühlt, so nahm er die Verbindung mit Lotten nur
als Mittel an, mit jener zu leben.

Über Caroline und Schiller denke er leider wie sie, schreibt
Humboldt an Li zurück. *Aber laß uns auch billig sein. In der*
Empfindung schneidet sich's nicht durch Entweder – Oder ab.
Hätte er gar nicht Karolinens Liebe gefühlt, so hätte er Lotten
ebensowenig genommen, als wenn er sie ganz gefühlt hätte. Aber
wie, wenn er anfangs nur Neigung fühlte, Wunsch, sich nah zu
bleiben, Freundschaft, wenn er nun Lottens Heirat nicht als Mit-
tel, aber jenes als Mitvorteil bei der Heirat ansah, wenn selbst das,
ihm selbst unbewußt, Lotten mehr Wert bei ihm gab, wenn er – er
hat gewiß wenig Weiberkenntnis – Lotten für mehr hielt oder von
einer Frau weniger forderte? Wenn man gar nicht liebt, läßt sich
mit jedem Weibe erträglich leben, wenn man liebt, ach! mit wem
dann? – Nein, Schiller ist jugendlich, unerfahren, hat gefehlt und
wird zu hart büßen, weil er die, an der seine ganze Seele hängt,
nicht glücklich sehen wird. Aber er konnte nie Lotten bloß als Mit-
tel ansehen, er ist zu delikat, zu edel dazu.

Li schreibt deswegen an Schiller selbst und fühlt sich durch
seine Antwort ruhiger. *Daß Lotte ihm nichts als Mittel gewesen*
ist, um es möglich zu machen, mit Karolinen zu leben, ist mir sehr
klar, aber die Indelikatesse, die ich ihm schuld gab, fällt weg, wenn

sich Schillers Herz ganz entfaltet, wenn man seinen ernsten Willen sieht, Lotten dennoch so glücklich zu machen, als sie es je sein kann. […] Die Hochzeit ist gegen Fastnachten.

Drei Kreuze

Liebende können grausam sein. In diesem Fall ist das Opfer die verlassene und betrogene Charlotte von Kalb. Über ein Jahr lang war von ihr im Dreiecks-Briefwechsel nur freundlich und respektvoll die Rede, Schiller förderte ihre Freundschaft mit den Schwestern, Grüße wurden bestellt und Sympathiebekundungen ausgetauscht. Das änderte sich nach der heimlichen Verlobung im August 89. Die seelenvolle Caroline und die sanfte Lotte fuhren ihre Krallen aus, und Schiller spielte die Rolle des Intriganten. Vermutlich hatte er Angst, fürchtete, Charlotte könne ihm rachsüchtig durch Enthüllungen sein Glück doch noch zerstören. Aber er wollte wohl auch nicht im Unrecht sein, und die Vorstellung, daß und wie sie über seine Braut urteilen würde, war ihm unerträglich. So denunzierte er sie und die gemeinsame Vergangenheit. Damit ruinierte er (assistiert von den Schwestern) ihren Ruf bei der Nachwelt. Seine Biographen haben sie in der Regel ungnädig oder mit falschem Bedauern als frustrierte, hysterische Ziege abgefertigt. Die gleiche Frau, von der Schiller bewundernd geschrieben hatte: *Wie sehr wünschte ich ihrem Geist die Welt, für die er eigentlich geschaffen ist.*

Die Chronik eines Verrats:

September 1789.
Charlotte von Kalb, die nichts von Schillers Verlobung weiß und vorläufig auch nichts davon wissen soll, ist nun entschlossen, sich von ihrem Mann scheiden zu lassen, und will mit Schiller darüber sprechen. Der hat dazu nicht die geringste Lust, gibt aber in einem Brief an die Schwestern zu, daß sie es

von ihm erwarten könne. Weil er allein von der geplanten Scheidung wisse und sie die Sache doch nicht ganz ohne fremden Rat unternehmen könne, sei er ihr *in gewissem Betracht jetzt unentbehrlich* geworden, schreibt er. *Sie hat auf meine Freundschaft – die gerechtesten Ansprüche und ich muß sie bewundern, wie rein und treu sie die ersten Empfindungen unserer Freundschaft, in so sonderbaren Labyrinthen, die wir miteinander durchirrten, bewahrt hat.*

Er habe ihr geantwortet, es fehle ihm die Zeit, sie in Weimar zu besuchen, sie könne doch zu ihm nach Jena kommen. *Sie soll gerade bei mir anfahren, und sonst keinen Besuch geben; dieß kann sie auch wirklich ohne alle Gefahr sich zu kompromittieren da es ganz verschwiegen bleiben kann.* Er kannte sie gut genug, um zu wissen, daß sie diesen Vorschlag nicht annehmen würde. *Zum Theil haben mich die Gründe die sie mir anführt überzeugt. Ihre Lage ist jetzt doppelt delikat, und sie glaubt nicht, daß die Sache unbeobachtet bleiben würde. Ich habe nun das meinige gethan.*

Ende September schreibt er an Körner, er sei in eine *sonderbare Sache* verwickelt, die ihn sehr beschäftigt habe. *Sie betrift Ch[arlotte] K[alb] und mein neues Verhältniß mit L[otte] L[engefeld]. Vielleicht wirst Du Dir die Hauptsache zusammensetzen.*

Oktober / November 1789.
Die Schwestern sind besorgt, daß Frau von Kalb durch Frau von Stein, mit der sie neuerdings sehr vertraut scheint, von ihrem Verhältnis zu Schiller erfahren haben könnte. *Der K[alb] traue ich nach Allem, was ich von ihr höre, die Feinheit nicht zu, das Geheimniß zu verschweigen,* schreibt ihm Caroline. *Es wird wunderliche Scenen mit ihr geben, denke ich; sie dauert mich,*

aber nach allen Bildern, die ich von ihr fasse, danke ich dem Him-
mel, daß sie Deine Frau nicht wird, und nicht allein für mich. Ich
werde mich entfernt halten und es zu keiner Intimität kommen
lassen, wie Du es wünschest.

Schiller schickt ihr einen Brief der Kalb, mit dem Kommentar:
Sie ist doch ein seltsam wechselndes Geschöpf, ohne Talent glück-
lich zu seyn, wie könnte sie also geben, was sie selbst nicht hat?
Das Urtheil, das man Dir von ihr gefällt hat, finde ich ziemlich
richtig. Vor ihrer N e u g i e r d e muß man sich hüten, vor ihrer
I n c o n s e q u e n z, die sie oft verleitet sogar sich selbst nicht zu
schonen, und auch vor ihrer S t a r k g e i s t e r e y, die sie leicht ver-
führen könnte, es mit dem Besten andrer nicht so genau zu neh-
men.

Lotte erfährt, daß Herr von Kalb seiner Frau nicht treu und sie
deswegen eifersüchtig sei. Außerdem soll sie *erstaunend heftig*
sein. *[…] Ich habe doch eigentlich die Ruhe im Carackter gerne,*
bei jeden ü b e r t r i e b n e n G e f ü h l, und jeder zu h e f t i g e n
b e w e g u n g verliehrt doch die Seele an ihrer Würde, es macht
mir noch einmal so wohl, wenn ich die Menschen starck und fest
in sich selbst sehe; wenn sie sich nicht so leicht von jeden Gefühl
hinreißen laßen. In manchen mag es aber auch Krankheit sein,
daß sie größere Reizbarkeit haben, und ihre Gefühle sie überwäl-
tigen. Da denkt sie an Caroline.

Ueber die Vertraulichkeit der Stein und Kalb habe ich mich betro-
gen, (schreibt diese) *sie geht nur auf ihre Ehegeschichten und*
über Lottchen hat sie ihr seit vergangenem Herbste nicht gespro-
chen. […] Die Stein sagt, daß die Kalb nicht unedel sei, aber
neugierig und indiscret und étourdie.

Dezember 1789.

Die Schwestern sind zu einem längeren Aufenthalt in Weimar eingetroffen, wo sie sich auf Bitten Schillers nach dem Befinden der Frau von Kalb erkundigen sollen. Er hat gehört, sie sei sehr krank. *Hätte es Gefahr, so lasst es mich bald wissen.* Er fürchtet wohl, daß er die Ursache ihrer Krankheit sein könnte. Einen Brief später meldet er erleichtert, der Kalb gehe es besser, und wieder einen Brief später (*Donnerstag Abends*, den 3. Dezember) bereitet er die Schwestern auf ihren Krankenbesuch vor (er selbst will lieber nicht hingehen): *Ich bin doch nicht ganz ohne Neugierde, wie eure erste Zusammenkunft mit der K[alb] ablaufen wird. Bei ihr wird sie s t u d i r t seyn, wenn sie darauf vorbereitet worden ist; überrascht ihr sie aber, so sollte es mich wundern, wenn ihre Empfindungen so ganz ohne Äußerung blieben. Sie hält viel auf R e p r æ s e n t a t i o n und auf den sogenannten A n s t a n d, der sie oft tyrannisirt. Ich vermuthe sie wird gegen Lottchen a b g e m e s s e n seyn, und überlegt; desto natürlicher müßt ihr euch gegen sie betragen.*

Ich habe es nie leiden können bey der K[alb], daß sie soviel mit dem K o p f hat thun wollen, was man nur mit dem Herzen thun kann. Sie ist durchaus keiner Herzlichkeit fähig. Sonst hat man doch in Verhältnißen wie meins gegen sie war, Momente der Wärme, die sie auch wirklich hatte; aber ich zweifle, ob sie Wärme geben kann. Ihr laurender Verstand, ihre prüfende kalte Klugheit, die auch die zärtesten Gefühle, ihre eigne sowohl als fremde, zerschneidet, fodert einen immer auf, auf seiner Hut zu seyn.

Ich bin in gar keiner Disposition, sie zu sehen – ich kann nicht gerecht gegen sie seyn. Der Gedanke, daß s i e es nicht gegen euch ist, daß sie, ein so ganz von euch heterogenes Wesen, über eure und meine Liebe kalt und so befangen richtet – überhaupt i h r Bild neben dem eurigen gestellt, würde mir gar nicht gut thun.

Sie hat mich immer misverstanden, und würde sich auch jezt in meine neue Lage zu ihr gar nicht zu finden wissen.

Lottes erster Besuch verläuft dann freilich trotz dieser Vorbereitung ganz angenehm. *Ich habe ihren heftigen, leidenschaftlichen Karackter nicht zugetraut, daß sie mich so ruhig sehn könnte, und auch so gut von mir dächte. Morgen Mittag hat sie mich und L[ine] eingeladen. Sie ist sehr krank gewesen, jetzt* aber wieder ziemlich wohl. Gegen die Stein hat sie sich wohlwollend über die von ihr vermutete Verbindung Schillers mit Lotte ausgesprochen, die Stein hat diese aber abgestritten. *Hätte dieser unterredung eins von uns zugehört, so wäre es lächerlich genug gewesen, wie sich jede, eine der andern, einen blauen dunst vorgemacht hat.*

Schiller will dringend wissen, wie Lottes zweiter Besuch bei der Kalb abgelaufen ist, und schiebt eine neue Warnung nach. *Nur, meine liebste, lass Dich von der Gefälligkeit und Freundschaft, die sie Dir immer mehr beweisen wird, nicht zu Hofnungen verleiten, als könntest Du Dir wirklich eine Freundinn in ihr erwerben. Ich muss hier den Apfel der Zwietracht zwischen euch werfen, aber ich kann nicht anders. Die Kalb kann Dich nicht lieben, selbst wenn sie es noch so sehr wollte. Gewisse Dinge verzeyen sich niemals; liebtest Du nach mir einen andern, und ich machte die Entdeckung, daß Du mich nie geliebt hättest, ich könnte mir durch keine Anstrengung abgewinnen, der Freund dieses andern zu seyn. Ein vertrackter Satz!* Die Kalb sei in ihren Neigungen *hartnäckig*, schreibt Schiller weiter, und vielleicht sei ihre Freundlichkeit gegen Charlotte der Anfang eines neuen Plans, mit dem sie ihn wiedergewinnen wolle.

Auch der zweite Besuch ist eigentlich sehr gut verlaufen. Ihre Krankheit scheine die Kalb *biegsamer* und *ruhiger* gemacht zu haben, meint Charlotte, aber *herzlich, so wie wir kann sie nicht lieben.* Auch Caroline hat sie *sehr zuvorkommend freundschaftlich* gefunden, doch etwas *gedrückt* in der Unterhaltung. Sie haben über Körners gesprochen und über literarische Arbeiten von Schiller und über ihn. Die Kalb hat ihr einige Male die Hände gedrückt und sie gebeten, *sie oft zu sehen – es ist wahr, der Ausdruck ihres Gefühles elektrisirt nicht, zu etwas Individuellem wird es nicht mit mir und ihr kommen. Ich kann mir nun denken, wie euer Verhältniß war, aber nicht recht, wie sie Dich anfänglich anzog, sie hat so gar keinen ungezwungenen Ton und etwas Studiertes und Prämeditiertes.*

Bei einer Hofgesellschaft am 20. Dezember beklagt sich die Kalb bei Charlotte darüber, daß Schiller am Tag zuvor in Weimar gewesen sei, ohne sie zu besuchen. *Und es wäre äußerst unartig, daß Du Dich gar nicht um sie bekümmertest, sie gar nicht besuchtest, ich sollte es Dir schreiben, die Freundschaft hätte es fodern können, daß Du nur allein gekommen wärst, sie zu besuchen, da sie auf den tod krank gelegen hätte. und ihre verhältniße hätten so etwas wohl verlangen können. Hier war der Herzog uns so nahe, daß sie ab[b]rach. Aber daß Du äußerst unartig wärst wiederhohlte sie ein paarmahl mit großer Heftigkeit. Ich sagte ganz kalt (so sehr mir die Art mit der sie mir sprach auch auf[f]iel), daß Du Sonnabend mit einer Gesellschaft hier gewesen wärest; übrigens war sie den Abend noch freundlich gegen mich, und es mag nicht in ihren plan gehört haben, ihre Heftigkeit so zu zeigen, aber ihre Leidenschaft riß sie hin. Mich befremdete es sehr, denn ich gestehe, daß ich zu viel Stolz besäße, es mir merken zu laßen über eine vernachläßigung mich gegen andre beleidigt zu zeigen.* Schiller solle doch die Kalb besuchen, damit sie nicht glaube, er habe Angst vor ihr. Über ihre eigene ruhige Antwort freut sie sich noch immer, *sie konnte recht sehn, daß ich nicht so ein unruhiges, leidenschaftliches Geschöpf bin als sie.*

Januar 1790.
Inzwischen hat sich die Nachricht von Schillers bevorstehender Hochzeit mit Charlotte von Lengefeld in Weimar herumgesprochen. Die Schwestern sehen die Kalb bei einer privaten Einladung im größeren Kreis, deshalb bleibt Charlotte ein Gespräch mit ihr erspart. *Nein gewiß Lieber sie ist nicht gemacht, Dir zu gehören, sie hat soviel Härten in ihren Wesen, die Dich nicht glücklich gemacht hätten. […] Ein guter Genius bildete mein Wesen, um einst wohlthätig auf das Deine wirken zu können, meine Stimmung, meine Art die Dinge anzusehn, wird Dich nie anstoßen, Dir nie wiedrige Gefühle geben, dies weis ich gewiß, es ist nicht eine Hofnung die mich täuschen wird, und kann.*

Februar 1790.
Schiller ist mit Hochzeitsvorbereitungen beschäftigt. Im Briefwechsel mit den Schwestern gibt es auffällige Unregelmäßigkeiten, Lotte verdächtigt die Kalb, mit Hilfe ihrer einflußreichen Verwandten Briefe abgefangen und geöffnet zu haben. *Uebrigens bin ich zuweilen mistrauisch gegen gewiße Menschen, die sich in der heftigen Gemüthsstimmung manches erlauben könnten, was sie mit ruhigen unbefangnen Sinn nicht thun würden.*

Sie hat erfahren, daß Charlotte von Kalb sich abfällig über sie geäußert hat. Als man hier sagte, *Du liebtest mich, hat sie gesagt, so ganz verächtlich, Du würdest mich nicht lange lieben können. Ich könnte nicht lange Deine Aufmerksamkeit auf mich heften.*

Mittlerweile traut sie ihr sogar einen Mord zu – oder doch fast: *Wären wir zusammen in Italien wo das Klima die Menschen noch lebhafter macht, und die leidenschaften heftiger ausbrechen, so könnte mir ein Dolchstich in eine andre Welt helfen, gut daß unser rauhes Klima auf die überspannten Köpfe so wohlthätig wirkt, und die wärme der leidenschaften mäßigt.*

Schiller, wie immer, gießt Öl ins Feuer. Den Namen der einst Geliebten ersetzt er nun durch drei Kreuze. *Wegen der XXX habe ich ernstlich Verdacht, denn ich weiß was sie fähig ist. Auch ohne italienischen Himmel würde ich Dir nicht rathen, in gewißen Augenblicken mit ihr zusammen[zu]treffen – denn Leidenschaft und Kränklichkeit zusammen haben sie manchmal an die Grenzen des Wahnsinns geführt. Bewahre der Himmel, daß ich ihr etwas merken lassen sollte – Sie erhält von mir jetzt keine Antwort auf ihre Briefe mehr. Wie kann ich ihr schreiben?*

Aber dann schreibt er ihr doch, als Antwort auf einen Brief von ihr, in dem sie sich wie gewöhnlich *sehr ungraziös* betragen habe. *Der XXX habe ich von unsrer Glückseligkeit geschrieben; dieses war meine Rache und sie hat sie reichlich verdient.*

Charlotte findet es sehr gut, daß Schiller der XXX von ihrem künftigen Leben geschrieben habe, nun sehe diese doch vielleicht ein, daß er sie wirklich liebe, *sie hat unter die Leute gebracht, Du liebtest mich nicht um meinetwillen, sondern Linen wegen, und was sie mehr sagt. […] Es scheint ihren Stolz ganz undenkbar, daß Du sie um meinet willen hättest vergeßen können.* Sie selbst wäre viel zu stolz, ihre Schwäche so offen zu zeigen und einem Menschen ihre Liebe aufzudringen, der sie nicht mehr wolle.

Am 10. Februar trifft sie die Kalb bei der Stein. *Du hast keinen Begrif wie sie aussieht und thut; sie mochte nicht erwartet haben uns dort zu finden. Wir waren ganz kalt gegen einander. Sie sah aus wie ein rasender Mensch, bei dem der Paroxismus vorüber ist, so erschöpft, so zerstört, das Gespräch wollte gar nicht fort. Der ganzen Familie fiel es auf, daß sie noch nie so gewesen wäre; sie klagt über den Kopf, sie saß unter uns, wie eine Erscheinung aus einen andern Planeten, und als gehörte sie gar nicht zu uns. – Ich fürchte wirklich für ihren Verstand. Sie ist mir sehr aufgefallen, und hätte sie nicht wieder die unverzeihlichen Härten und das ungraciöse in ihren Wesen, sie könnte mein Mitleid erregen. Aber so stößt mich so vieles zurück. ich beklage sie wohl, aber sie rührt mich nicht.*

Der Zustand der XXX sei wahrscheinlich eine Wirkung seines letzten Briefes gewesen, meint Schiller und begründet ausführlich, daß und womit sie ihn verdient habe: sie habe ihre Liebe zu ihm verleugnet … Und überhaupt: *Sie war nie w a h r gegen mich, als etwa in einer leidenschaftlichen Stunde; mit Klugheit und List wollte sie mich umstricken. […] Warum schreibe ich von ihr soviel? Ich hätte etwas beßeres thun können.*

Ihren Briefwechsel mit Schiller hat Charlotte von Kalb wohl bald darauf verbrannt. Aus der Scheidung von ihrem Mann wurde nichts.

Hochzeit

Was für selige Tage warten auf uns! – Alles ligt um uns bereit, was uns glücklich machen kann, denn wir brauchen ja nichts als Vereinigung. Theuerste meines Herzens! Ach wie ist alles biß jetzt schöner gegangen, als ich jemals hoffen konnte!

Glückwünsche treffen ein. Der von Körner kommt knapp einen Monat zu früh und enthält eine Warnung an die Braut. Nicht ohne Bitterkeit reflektiert er das, was er als *die aussetzenden Pulse Deiner Freundschaft* bezeichnet. *Irgend eine lebhafte Idee, durch die ein berauschendes Gefühl Deiner Ueberlegenheit bey Dir entsteht, verdrängt zwar zuweilen eine Zeitlang alle persönliche Anhänglichkeit. Aber das Bedürfniß zu lieben und geliebt zu werden kehrt bald bey Dir zurück. […] Mit Deiner Liebe wird es nicht anders seyn, und Deiner Gattinn, wenn ich vertraut genug mit ihr wäre um eine solche Äusserung wagen zu dürfen, würde ich nichts bessers an Ihrem Vermählungstage wünschen können, als das Talent Dich in solchen Momenten nicht zu verkennen.*

Wilhelm von Wolzogen weinte, als er (immer noch in Paris) von der Hochzeit erfuhr. *Jetzt ist für mich denn alles verloren, ich habe niemandem mehr, von dem ich glauben könnte, er nähme ein ausschließendes Interesse an mir,* schrieb er in sein Tagebuch – und an seine Cousine einen liebevoll-scherzhaften Brief: *Du hast mir da, liebes Lottchen, einen schönen Spaß gespielt und mir einen recht bösen Handel auf den Hals gezogen, dadurch, daß du dich so schnell verheirathest.* Was er denn jetzt mit den drei Ehekandidaten (darunter ein seines Landes und Standes überdrüssiger Abbé) anfangen solle, die er in Frank-

Die Dorfkirche in Wenigenjena.
Zeichnung von Charlotte von Lengefeld

reich auf ihren ausdrücklichen Wunsch für sie gefunden habe? *Ich bin in der größten Verlegenheit. Meinem Freund Schiller zu lieb sollte ich freilich die Portraits nicht schicken, bei deren Anblick du gewiß bereuen wirst, nicht mehr wählen zu können.*

Reinwald gratuliert Schiller säuerlich zu seiner *vortheilhaften Verbindung,*

Die große Schwester Christophine glaubt die Braut zu kennen, *denn vor einigen Jahren war eine Frau von Lengenfeld aus Rudelstatt mit ihren zwei F[räulein] Töchtern in Gesellschaft eines Herrn von Beulwitz [...] bei uns auf der Solitude die eine von den Fräuleins war klein und Blond, und die andere schlank und Brünnet, wenn mir recht ist; gewiß ist diese Deine Geliebte wenn ich anders Deinen Geschmack noch kenne?*

153

Schillers Vater, der sich um den Sohn lange die größten Sorgen gemacht hatte, ist glücklich über dessen neue Respektabilität – Professur, Titel und nun auch noch eine hochwohlgeborene Frau – sieht sich wieder einmal in seinem Glauben an eine weise lenkende Vorsehung bestätigt und nimmt Charlotte als Tochter auf. *Ich habe dem Brief von Papa schon einige mahl gelesen, und er macht mir gar viel Spaß, er ist so treuherzig. Ich kann mir Dich unter dem Nahmen F r i z gar nicht denken, und es wird mir so lächerlich wenn ich mir vorstelle daß ich Dich F r i z rufen könnte.*

Schiller seinerseits entdeckt, daß seine Braut, die ihre Freunde zu zärtlichen Verkleinerungsformen inspiriert, Lotte, Lottchen, Lolo, Lologen, laut Taufzeugnis mit *drey gar schönen Nahmen* versehen ist, *die mir alle so wohl gefallen, daß ich Dich künftig Charlotte Luise Antoinette rufen werde.*

Mitte Februar reisen die Schwestern zu Li nach Erfurt, am 18. Februar bricht Schiller von Jena auf, um seine Braut dort abzuholen, und am 21. Februar fährt Caroline ihnen nach, begleitet von Lis wehmütig-süßen Gedanken. *Ewige Güte über uns, wie verschlungen hat dieses das Schicksal, wer möchte sich aus diesem Labyrinthe finden, der die verschlungenen Wege nicht mitgegangen wäre – Du wirst es freundlich auflösen! – Ja, meine Seele ist voll dieser süßen Hoffnung. Lottens Stimmung ist leicht und heiter, Schiller hat seine Lage, sein schweres, vielleicht einziges Verhältnis gegen beide ganz durchschaut. Ich habe mich bei seinem Hiersein davon überzeugt. Karolinens Ruhe gründet sich auf die Zufriedenheit, das Glück ihrer Schwester – die Zeit muß das ausreifen. Lotte hat mir diesmal besser gefallen, sie ist doch ein sehr gutes, weiches Wesen, und mit einer feinen, guten Behandlung wird sich noch manches aus ihr machen lassen. Da es ihr an*

*Hochzeitsteller, Geschenk von Wilhelm Ludwig von Beulwitz
an das Brautpaar Schiller*

eigenem Charakter fehlt, ist es so am besten: sie wird die Eindrücke annehmen, die man ihr gibt, und es wird leicht sein, ihr einen Wirkungskreis zu schaffen, in dem sie sich ihrer Tätigkeit freut.

Die Trauung fand am 22. Februar gegen halb sechs Uhr nachmittags in der Dorfkirche von Wenigenjena (bei Jena) statt. Nur Caroline und die chère mère waren anwesend, als der Adjunkt Christian Ehrhardt Schmidt, ein Kantianer, die Zeremonie vornahm, für Schiller ein *sehr kurzweiliger Auftritt*. Aufklärerische Humanität mag mit dem alttestamentarischen Fluch des lutherischen Eherituals hart zusammengestoßen sein, denn es heißt, Schiller habe sich der Schwiegermutter zuliebe die gewöhnliche Trauformel *mit dem Kraut und den Disteln auf dem Felde* gewünscht: *Zum fünften wollen wir auch hören das Kreuz,*

Die erste Wohnung des Ehepaars Schiller: die Schrammei in Jena.
Zeichnung aus einem Studentenstammbuch, 1816

das Gott auf den ehelichen Stand gelegt hat. *Also sprach Gott zum*
Weibe… Du sollst mit Schmerzen Kinder gebären… Und zu
Adam sprach er: … Verflucht sey der Acker um deinetwillen, mit
Kummer sollt du dich darauf nähren dein Leben lang. Dorn und
Distel soll er dir tragen, und sollst das Kraut auf dem Felde essen.
Charlotte hat sich mit Rührung an diesen Tag erinnert: *Als ich*
in die stille Dorfkirche hineintrat, schwammen leichte Abendwol-
ken an dem blauen Himmel, und die Abendsonne übergoß sie mit
röthlichem Glanze. An Schillers Hand trat ich in die schmucklose
Kirche und legte das Gelübde ab, ihm treu zu bleiben bis in den
Tod.
Den Abend verbrachten sie dann zu viert in Schillers (um ein
paar dazugemietete Zimmer/Kammern vermehrter) Wohnung
still und ruhig mit Gesprächen beim Tee. Von einem dreischläf-
rigen Ehebett ist nichts bekannt.

Schiller freute sich über seine neue häusliche Ordnung und
Einrichtung, zu der auch sein Diener und eine Kammerjungfer

für Charlotte gehörten. Beide kosteten zusammen im Unterhalt nicht mehr, als *Ein Bedienter* in Dresden, wie er Körner hausväterlich am 1. März mitteilte. *Meine Schwägerin bleibt bey uns, aber ich mußte ihr ein ander Logis miethen, weil es mir zwischen jetzt und Michaelis noch an Zimmern fehlt.* Und überhaupt war alles so wie geträumt. *Was für ein schönes Leben führe ich jetzt. Ich sehe mit fröhlichem Geist um mich her, und mein Herz findet eine immerwährende sanfte Befriedigung außer sich, mein Geist eine so schöne Nahrung und Erhohlung. Mein Daseyn ist in eine harmonische Gleichheit gerückt; nicht leidenschaftlich gespannt aber ruhig und hell giengen mir diese Tage dahin. Ich habe meiner Geschäfte gewartet wie zuvor, und mit mehr Zufriedenheit mit mir selbst.*

Humboldts blieben bei der Überzeugung, Schiller habe unter seinem Niveau geheiratet. Schiller sei weniger, Charlotte mehr durch diese Ehe geworden, bilanzierte Li ein knappes Jahr später. *Über alle Ideen hoher, einziger Liebe fühlte ich ihn herabgestimmt [...] Er sprach einmal mit mir von Lottchen und seiner Art, mit ihr zu leben, so recht im Ton der Ruhe, nicht der Resignation. Er sagte sogar, wie er sich überzeugt hätte, daß er mit Karolinen nicht so glücklich gelebt haben würde wie mit Lottchen, s i e   w ü r d e n   e i n e r   a n   d e n   a n d e r n   z u   v i e l e   F o r d e r u n g e n   g e m a c h t   h a b e n, und mit einem Wort, ich fühlte, daß s e i n   H e r z   k e i n e n   W u n s c h   m e h r   m a c h t, den Lottchen nicht erfüllen könnte.*

Jahrzehnte später hat Wilhelm von Humboldt in einem Brief an Caroline noch einmal die goldene Zeit beschworen, da Schiller das Ideal schöner Weiblichkeit (Caroline eben) noch nicht um der häuslichen Bequemlichkeit willen verraten hatte: *Schillers schönste, zarteste Eigenthümlichkeit hat außer Ihnen* und der guten Li Niemand so gesehen und erkannt, als ich. Man mußte ihn in jener Zeit sehen, wo er so offenbar in der schönsten Blüthe aller seiner großen Eigenschaften war, und die später alles Höchste in ihm entwickelt hat. Diese Zeit war sichtbar das Jahr vor seiner Verheirathung.

Schwestern

Als sich Karl Gotthard Graß durch Schillers häusliche Umstände an die Geschichte vom Grafen von Gleichen erinnert
fühlte, sah er nur noch den Abglanz eines längst verabschiede-
ten Traums. Es gab keine ménage à trois, dafür sorgte Charlotte. Sie wurde Schiller die Frau, die sie ihm versprochen hatte,
die ideale Dichtergattin ohne Härten, die auf ihn einging, ihn
umsorgte, ihm manchmal als Sekretärin diente, für sein Journal »Die Horen« Erzählungen übersetzte, seine Schriften bewunderte und sanft seine Launen und die *aussetzenden Pulse*
seiner Liebe ertrug. Undenkbar, daß sie ihm hätte untreu werden können, es wäre gegen ihre Natur *gewesen.* »*Es schickt sich
nicht*« *war ihr höchstes Gebot.* Sie war in den Augen ihrer Nächsten die personifizierte »Dezenz«, so schamhaft, daß ihr schon
der Anblick einer schwangeren Frau peinlich war. Ihre eigenen
Schwangerschaften erlebte sie als Leidenszeiten. Damit verband sich ein ausgeprägtes Standesbewußtsein. Ihre Kammer-
zofe soll sie immer *mit einem gewissen spöttischen, herabwür-
digenden Ton behandelt* haben. Daß ihr der Weimarer Hof
durch ihre Heirat verschlossen war, muß sie hart getroffen haben. Nach Schillers Erhebung in den Adelsstand kehrte sie
dorthin zurück wie ein Fisch ins Wasser. *Lolo ist jezt recht in
ihrem Element, da sie mit ihrer Schleppe am Hofe herumschwän-
zelt,* schrieb Schiller am 17. Februar 1803 amüsiert an Wilhelm
von Humboldt.

*Ich fühle mich glücklich, und alles überzeugt mich, daß meine
Frau es durch mich ist und bleiben wird,* hatte Schiller nach der
Hochzeit an Körner geschrieben, und damit behielt er wohl
recht. Der dänische Dichter Baggesen allerdings, der Schiller

im August 1790 besuchte, verglich Schiller im Umgang mit einem feuerspeienden Berg, *dessen Gipfel mit Schnee bedeckt ist. Er scheint kalt zu sein – sein ganzes Betragen gegen seine vertrautesten Freunde – am allermeisten gegen seine Frau – ist kalt. [...] Er sagt nie seiner Frau oder irgend einem seiner Freunde was liebes – sein Ton mit ihr ist trocken, hart, kalt, gleichgültig, verdrießlich – im Schreiben aber ist er ganz anders und in allen seinen Briefen ist Geist und Herz.* Auch in den Briefen an seine Frau, die er zärtlich *Maus* nannte, der Kosename ihres Vaters. Der Ton liebevoller Überlegenheit, den er ihr gegenüber gern anschlug, läßt nicht erkennen, wie lebensnotwendig sie ihm bald geworden war. Auch das hat der Maler Graß gesehen, der sich (in einem Brief an Charlotte) an eine Szene erinnerte, die er 1791 am Krankenbett Schillers belauscht hatte.

Er hatte, so viel ich weiß, etwas Opium genommen, die heftigen Krämpfe zu stillen, und lag da, leicht entschlummert, wie ein Marmorbild. Sie befanden sich im Nebenzimmer, wo ich Ihnen die Schillersche Uebersetzung des vierten Buches der Aeneide vorgelesen hatte, und von Zeit zu Zeit kamen Sie an die Thüre, sich nach Schiller umzusehen. Sie sahen ihn also da liegen und nahten leise auf bloßen Strümpfen, und eben so leise knieten Sie mit gefalteten Händen vor sein Bette hin. Ihr loses dunkles Haar floß über die Schulter. Still weinte Ihr Auge. Sie hatten es wohl kaum bemerkt, daß noch Jemand im Zimmer war. Der ohnmächtige Kranke schlug indessen etwas die Augen auf, Er erblickte Sie; mit Leidenschaft umschlangen plötzlich seine Arme Ihr Haupt, und so blieb er auf Ihrem Nacken ruhen, indem ihn die Kraft von neuem verließ.

1798 fiel der scharfblickenden Caroline Schlegel auf, *daß Schillers Kopf [...] der Schillern frappant ähnlich geworden, zum Be-*

weise des Satzes, daß Eheleute immer große Aehnlichkeit mit einander haben oder wenigstens kriegen.

Die Ehe wurde überschattet durch Schillers schwere Krankheit. Sie begann ein Jahr nach der Hochzeit im Januar 1791 mit einer Lungenentzündung, die zu einer Rippenfellvereiterung und chronischen Bauchfellentzündung führte und ihm schon bald die Ausübung seiner ungeliebten Lehrtätigkeit verbot. Als Schiller am 9. Mai 1805 starb, waren laut Autopsiebericht fast alle seine inneren Organe völlig zerstört. In seiner vierzehnjährigen Leidenszeit ist der größere Teil seines Werkes entstanden, eine Energieleistung, die ohne Charlotte nicht möglich und nicht nötig gewesen wäre, denn er arbeitete ja nun nicht mehr nur für den eigenen Ruhm, sondern für seine Familie.

Die ersten beiden Kinder waren die Söhne Karl (1793) und Ernst (1796), dann kamen zwei Töchter, Caroline (1799) und Emilie (1804), die ihren Vater nicht kennenlernte und ihm am ähnlichsten war. Nach Carolines Geburt erkrankte Charlotte lebensgefährlich an einem *Nervenfieber,* mit Wahnvorstellungen, Delirien und beängstigenden Zuständen von Stumpfheit und Apathie. *Meine Frau kann nie allein bleiben, und will niemand um sich leiden als mich und meine Schwiegermutter. Ihre Phantasien gehen mir durchs Herz und unterhalten eine ewige Unruhe,* schrieb Schiller am 25. Oktober an Goethe, den er (1794) doch noch als Freund gewonnen hatte.

Ihre Schwester also wollte Charlotte nicht sehen, vielleicht war sie es ja, von der sich die Kranke in ihren Fieberträumen bedroht fühlte. Es war wohl ein Zusammenbruch nach jahrelanger psychischer und physischer Überforderung. Denn natürlich war es Charlotte, die sich, unterstützt von einer Kinderfrau, um die Kinder kümmerte. Zu der beständigen Sorge um den kranken Mann kam immer wieder die mit ihm geteilte Angst um sie. Sie zahnten, hatten Masern, Windpocken, Röteln und Husten und mußten die gerade eingeführte und noch sehr gefährliche Pockenimpfung überstehen. Die Säuglings- und Kindersterblichkeit war damals noch so hoch, daß man immer damit rechnen mußte, ein Kind zu verlieren. *Karl sei ihm so zum Bedürfniß geworden, daß mir in manchen Momenten bange wird, dem Glück eine solche Macht über mich eingeräumt zu haben,* schrieb Schiller im Januar 1796 an Körner.

Schillers gingen nach allen Zeugnissen liebevoll mit ihren Kindern um. Anders als Schiller sollten sie ohne Furcht vor Strafen und Prügel aufwachsen. Dafür mußten sie nach seinem Tod dann mit dem Denkmal ihres Vaters leben, was besonders Ernst drückte und hemmte. *In allen Wendungen meines Lebens schwebt mir das verehrte Bild m e i n e s Vaters vor, und ich bin sein Sohn.*

Und Caroline? Schon bald nach der Hochzeit ihrer Schwester beschleunigte sich ihr »Selbstverwirklichungstrip«, bei dem sich Flucht aus der Ehe und unruhige Glückssuche verschränken. Sie wollte wohl erzwingen, was Charlotte mit ihrer Hilfe gefunden hatte: die Liebe eines bedeutenden Mannes. In den Erfurter Statthalter Dalberg war sie nach Lis Meinung bald mindestens so heftig verliebt wie zuvor in Schiller. Als Dalberg zurückhaltend blieb, lief sie Ende März 1794 in die Schweiz davon, mit ihrem Cousin Wilhelm von Wolzogen, der ihr wohl aus großer Not half. Denn wahrscheinlich war sie zu dieser Zeit schwanger, von dem livländischen Rittmeister Gustav Behaghel von Adlerskron, der bei Schiller studiert und sich an ihn, Charlotte und vor allem an Caroline so eng angeschlossen hatte, daß diese ihn »Trabant« taufte. Im Juli des gleichen Jahres wurde sie

162

von Beulwitz geschieden, wegen ihrer *anhaltenden durch keine Arzney- und andere diensame Mittel zu heben gewesenen, den Zweck der Ehe behindernden kräncklichen Leibes-Umstände,* und am 27. September heiratete sie in Bauerbach Wilhelm von Wolzogen. Im folgenden Jahr wurde in der Schweiz ein Sohn, Adolf, getauft. Die Vermutung liegt nahe, daß er schon über ein Jahr früher zur Welt gekommen und erst einmal in Pflege gegeben worden war; denkbar ist auch, daß Adolf Carolines zweites Kind war und das erste als Säugling starb. Sicher ist, daß sie Wohlzogen in einem ihm gewidmeten Gedicht als Lebensretter dankt, der *der Parzen Hand* hielt, als sie *von dem goldenen Licht* des Lebens *scheiden* wollte:

> *Alle Lebensbanden wanckten*
> *Alle frohen Bilder schwanckten*
> *Schaurig in des Orkus Kluft,*
> *Du hast seinen Finsternißen*
> *Mich Alciden gleich entrißen*
> *Auf zur reinen Erden luft.*

1796 verhalf Goethe auf Bitten Schillers Wolzogen zu einer Stelle als Kammerherr und Kammerrat in sachsen-weimarischen Diensten, wo er Karriere machte und seinem Fürsten Carl August als Diplomat bald unentbehrlich wurde. Er war sehr dick, eine *falstaffsche Natur*, und von verschiedenen Gebrechen und Krankheiten geplagt, also nicht gerade ein Traummann. Caroline nannte ihn bald nur noch den »Alten« und führte ein eigenes Leben, lesend, schreibend, liebend. Immer wieder hatte sie leidenschaftliche Affären mit anderen Männern. Einer von ihnen war Graf Schlabrendorf, *amtlos Staatsmann, heimathfremd Bürger* in Paris, ein faszinierender Sonderling, dessen Klugheit, Bildung, Wärme und Beredsamkeit

Wilhelm von Wolzogen.
Zeitgenössische Aquarellminiatur

von allen gerühmt werden, die ihn kennenlernten. Die Frauen liebten ihn, Li von Humboldt hatte eine Affäre mit ihm und eben auch Caroline, die ihm bei einem Aufenthalt in Paris nahegekommen war. Nach ihrer Abreise im Oktober 1802 schrieb sie ihm einen Brief, der ahnen läßt, wie sie in ihren verbrannten Briefen an Schiller geschrieben haben könnte, und mit den unvergeßlichen Sätzen beginnt: *Meine Hand zittert, indem ich dies Blatt nehme Dir zu schreiben, lieber lieber Gustav! Mir ists, als stünd ich in Deiner Gegenwart. Welche Sehnsucht haben diese wunderbaren Tage in meiner Brust zurückgelassen, und wie oft habe ich sie wieder durchempfunden während der einsamen Reise. Mit Trauern sah ich meine geschwollene Lippe verschwinden, das letzte sinnliche Zeichen meines Glücks.*

Und doch war sie Wolzogen eine gute Frau. Als Gastgeberin machte sie ihr Haus in Weimar zu einem Mittelpunkt des gesellschaftlichen Lebens, sie war eine kompetente Haushälterin und pflegte ihren Mann geduldig, wenn er krank war, zuletzt in seiner langen Leidenszeit vor seinem Tod im Oktober 1809. Ihre unruhige Glückssuche aber ging weiter.

Alle, die Caroline nahestanden, Mutter, Schwester, Schwager, Humboldts, haben ihre Ehe mit Wolzogen mißbilligt und nur aus ihren »Lebensumständen« erklären können, doch das greift zu kurz. Niemand hat Schiller so unbedingt geliebt und verehrt wie Charlotte; Caroline ist von niemandem so hochgehalten worden wie von ihrem zweiten Ehemann, der sie (vor einer weiten Reise) einem Freund so beschrieb, wie sie sich dichtete: *Meine Frau, einer der schönsten Charaktere, die ich im Leben angetroffen – so viel Geist, mit so unendlich großer Sanftmuth; so viel herzliche Liebe mit solchem Drang nach hohen Gegenständen; so unbegreiflich einfach, und doch so viel umfassend; eine gute Hausfrau, eine zärtliche Mutter, und doch Schöpferin von Welten, die ihre schöne Phantasie in solcher Harmonie ordnet. Ich kann Ihnen nicht beschreiben, lieber Freund, wie unendlich glücklich ich die Jahre war, die ich mit dieser ausgezeichneten Frau verlebte.*

Carolines Dreiecksgeschichten

Die Schwestern blieben einander lebenslang in Liebe und Rivalität verbunden. Über die Kränkungen, die sie einander zugefügt hatten, kamen sie nie hinweg. Caroline verwand es nicht, daß die kleine unbedeutende Schwester den Mann bekommen hatte, der eigentlich ihr gebührt hätte. Bezeichnend etwa ein Brief an Li vom Oktober 1791, in dem es heißt: *Ich fühle ihn einsam, denn so innig gut Lotte ist, so ists doch ein toder Umgang.* Charlotte setzte gegen die geistige Herablassung Carolines moralische Überlegenheit. Die Klage über deren Rast- und Haltlosigkeit begleitet viele ihrer Äußerungen über die Schwester, und immer klopfte sie damit sich selbst auf die Schulter. Das »Ich bin froh, daß ich nicht so bin« steht auch hinter der oft zitierten Skizze, in der sie in stillem Triumph die Liebesunfähigkeit der Schwester diagnostiziert: *Ich möchte diesen Charakter zeichnen können, denn er ist höchst merkwürdig. So äußerst verständig und doch so phantastisch. Wenn einmal die Phantasie ins Spiel kommt, so muß die Vernunft die Gesetze von ihr empfangen. Sie liebte so oft, und doch nie recht; denn wahre Liebe ist ewig wie das Wesen, aus dem sie entspringt. Und eben weil sie nicht liebte, sucht immer das Herz noch einmal die Sehnsucht zu stillen. Ich hoffe jetzt Heilung von dem Wahn und ein Zurückkehren in sich selbst; es wird schmerzend aber heilsam sein.* (18. Juli 1811).

Caroline hat (in der Erzählung »Walther und Nanny«) diesen Vorwurf differenziert reflektiert, in einem Brief, den sie eine Frau, Leonore, an ihren einstigen Lehrer und Geliebten Robert schreiben läßt.

Warum will unsre Eitelkeit Konsequenz im ewigen Wechsel? Ströme wandeln ihre Ufer, Berge ihre Formen, und vom allerbeweglichsten Spiel aller Elemente fordern wir Stätigkeit? Ich hasse nichts als Verhältnisse, die Prätensionen aller Art erzeugen, die die heitre Freude, den Genuß des Moments zur versteinernden Meduse umschaffen wollen. Ob ich immer glücklich bei dieser Art zu existiren bin? Robert, das ist eine anderen Frage; aber w e r ist i m m e r glücklich? – Daß ich oft eine unaussprechliche Leere in meinem Busen fühle, läugnen kann ichs mir selbst nicht. Inhaltlos, scheint mir, müsse das Leben uns dünken, wenn nicht irgend ein permanentes Interesse die zerstreuten Fäden zusammenwebt. Das Bedürfniß zwingt uns zur Folge, was soll auch sonst daraus werden? Soll ichs Ihnen danken, Robert, daß Sie meine Existenz zu einer Freiheit gebildet haben, die sich in keine Schranken fügte. Nenn' ichs auch mit Wahrheit Freiheit? Sollte es nicht vielleicht Haltlosigkeit heißen? Wenn ich sehe, wie sich die Menschen um mich her quälen, täuschen, betrügen, um in einem Verhältniß, aus dem die Grazien entwichen sind, auch nur halb ehrlich zu bleiben, dann, mein Freund, denk' ich Ihrer mit Dank. Aber sehe ich irgendwo der Wahrheit und Treue lebendiges Bild, sehe ich ein braves Weib, von einem guten Mann geliebt, von blühenden Kindern umgeben, sehe ich, wie sie die wirkende Liebe und hülfreiche Gottheit der kleinen Welt ist – dann, Robert, dann stehen Sie als mein böser Engel vor mir, der mir durch seinen mitgetheilten Unglauben den Weg zu diesem Paradiese der Unschuld versperrte. – Ach, das Verlangen, das tiefe Bedürfniß nach irgend einer unvergänglichen Liebe, ziehet die goldnen Wolken des Himmels in glänzenden Bildern zu sich herab – sie verschwinden – aber selbst ihnen nachzuweinen ist es nicht das süßeste Glück des Lebens?

Carolines Romane und Erzählungen sind Wunsch- und Reue-
dichtungen, in denen sie ihre reale Unbeständigkeit reflektierte, mit Projektionen ihres idealischen, vergrößerten Selbst
zu versöhnen und ihre Verletzungen zu heilen suchte. Bekannt
wurde nur ihr Erstlingswerk, der Roman »Agnes von Lilien«,
den sie 1793 konzipierte und dann beiseite legte. Zur Ausarbei-
tung und Veröffentlichung wäre es vermutlich nie gekommen,
wenn Schiller nicht ein paar Jahre später dringend nach einem
populären Beitrag für seine marode Zeitschrift »Die Horen«
gesucht hätte. Der Erfolg des anonym erschienenen Romans
war über Erwarten groß, im Schlegelkreis hielt man Goethe für
den Verfasser, andere tippten auf Schiller. Der hatte der Schwägerin zwar nur als Lektor gedient, sein Einfluß aber ist deutlich.
Die Titelheldin Agnes ist nach Maßgabe des Weiblichkeitside-
als der *schönen Seele* gearbeitet, das er in dem Aufsatz »Ueber
Anmuth und Würde« entworfen hatte.

»Agnes von Lilien« handelt von einem Dreiecksverhältnis, oder
genauer, von Dreiecksverhältnissen, wie alle Geschichten Carolines, die obsessionell um dieses Thema kreisen. In ihren beiden Romanen findet sich ein ganzes Netz von familiären,
freundschaftlichen, erotischen Beziehungsdreiecken, die Geo-
metrie von Dreiecksfiguren prägt ihre Texte bis hin ins ne-
bensächliche Detail: *Sie stand, an ein schwaches Geländer sich
lehnend, auf einem in den See vorragenden Brete [...], als sie am
Ende des Sees einen Reitknecht bemerkte, der zwei Pferde tränkte.*
Ihre *Erzählungen* (1826/27) zeichnen die erotischen Dreiecke in
linearer Klarheit, ein Musterbuch für »soap operas«. Das Drei-
eck ist für sie die Figur verworrener Endlichkeit, der Geschichten und der Geschichte, aber auch eine Chiffre der Harmonie.
Der oder die Dritte macht das Paar zur Familie, erweitert die
Zweierbeziehung zur Gesellschaft, steht für ihre Erweiterung

zum freundschaftlichen Zirkel. So kommt es, daß Caroline von Wolzogen ihre Dreiecksbeziehungen zu Zweisamkeiten entwirrt – und dann diese wieder zu Dreiecken ergänzt: *Schwindelnd sank ich in Nordheims Arme, zog meinen Vater an mein Herz, und aufgelöst in Harmonie, verhallte mein Bewußtseyn in dem grenzenlosen Genuß der Liebe.*

Auffällig oft begegnen uns dabei Vergleichspaare, Brüder, Schwestern, Freunde, Freundinnen. So auch in Carolines zweibändigem Altersroman »Cordelia«, der 1840 in Leipzig erschien. Die Titelheldin, eine Ich-Projektion Carolines, ist mit der unbedeutenden Cäcilie, einer Mischung aus Charlotte und Li von Dacheröden, befreundet: *Wahrheit und Treue leuchteten aus den lichtbraunen Augen Cäciliens wie sie in ihrem Herzen wohnten. An Ausbildung stand sie gegen Cordelien zurück.* Der Mann zwischen ihnen heißt Wilhelm: *Wilhelm's Aufmerksamkeit schien getheilt zwischen den zwei liebenswürdigen Kindern, und da sie immer beisammen waren, war es beinah nicht zu unterscheiden, zu welcher sich sein Herz hinneigte.* Als Cäcilie der Freundin ihre Leidenschaft für Wilhelm gesteht, tritt Cordelia ihn großmütig als Geschenk an sie ab.

Unerschöpflich im zarten Bemühen, ihre Freundin und Wilhelm auf unbefangene Weise zu vereinen, alle ihre Vorzüge geltend zu machen, teilt sie sich selbst *immer nur die zweite Rolle* zu. Wilhelm, der sich eigentlich längst für sie entschieden hatte, fühlt in ihrem Wesen *eine Entfremdung,* die seine Hoffnungen niederschlägt, und wendet sich Cäcilie zu. *Die Freude, mit der sie ihn aufnahm, war schwer zu verhehlen, und Wilhelm ergab sich bald ganz dem geheimen Zauber, den die tiefe Leidenschaft eines reinen Herzens über eine zarte Männerseele, der es sich hingiebt, ausübt. Er warb um ihre Hand. Wonnetrunken warf sich Cäcilie an die Brust ihrer Freundin. Dir verdanke ich mein Glück, und ich fühle es um so schöner! rief sie. In kurzem stand Cordelia neben ihr am Traualtare.*

[...] Ernst stand sie während der Trauungsceremonie da, und der Gedanke flog durch ihre Seele: wer weiß, ob einst ein so reines, harmonisch gebildetes Wesen sich mir an heiliger Stätte als Lebensgefährten weihen wird. Doch hingerissen vom Zauber des Glücks, dessen das vereinte Paar genoß, dachte sie bald nicht weiter an ihr eigenes künftiges Geschick; ihr Herz floß über in theilnehmender Liebe. Wilhelm wurde ihr werth, wie ein geliebter Bruder; die zarteste, treueste Freundschaft entstand aus diesem Jugendverhältnisse und lohnte reichlich das Opfer einer unterdrückten aufkeimenden Neigung.

Arbeit am Denkmal

Schiller hatte zwei Witwen, die an seinem Denkmal arbeiteten. Es ist merkwürdig und ein wenig irritierend zu sehen, wie für Charlotte nach seinem Tod das verklärte Bild ihres Mannes umstandslos mit seiner Person zusammenfiel. Er w a r die idealische Marmorbüste, die der Stuttgarter Bildhauer Dannecker von ihm gefertigt hatte: *Ach wie ist die Büste so einzig! Wie groß und schön über der Welt und Zeit steht sie da! […] Alle kleinen Züge sind ausgeführt, alle Theile des Gesichts, sogar die Ader an der Stirne. Das Kleinste ist nicht vergessen, und doch ist der Eindruck so groß, daß man nur die große Form sieht.*

Auch Caroline von Wolzogen hat an der großen Form Schillers gearbeitet, mit literarischen Mitteln: *Das Ganze mußte ich groß u. nobel halten, und alles Zergliedern kleiner Lebens Noth, das nicht intreßant sein kann, ließ ich weg.* Ihre Biographie des Schwagers – »Schillers Leben, verfaßt aus Erinnerungen der Familie, seinen eignen Briefen und den Nachrichten seines Freundes Körner« –, die zu ihrem größten Bucherfolg wurde, erschien 1830, erst nach dem Tod der Schwester, die 1826 gestorben war. Caroline habe mit Charlotte vermutlich nicht in der Kenntnis von Schillers »eigentlichem Wesen« konkurrieren wollen, meint Georg Kurscheidt, der sich in einem schönen Essay mit ihrem Verklärungswerk beschäftigt hat. *Niemand kannte ihn wie ich*, hatte Charlotte geglaubt. *Wir haben ihn doch eigentlich nur gekannt*, schrieb Caroline an Humboldts. Allerdings, an Carolines Schiller-Bild hätte Charlotte wohl kaum Anstoß genommen. Eher schon an deren »Selbstportrait mit kleiner Schwester«.

*Johann Heinrich von Dannecker bei der Arbeit
an der Schiller-Büste. Scherenschnitt
von Luise Duttenhofer, 1805/6*

Als Caroline Goethes Freund Johann Heinrich Meyer, dem »Kunstmeyer«, das Manuskript von »Schillers Leben« zu lesen gab, antwortete dieser, er *wünschte nichts am Text weggelassen als allenfalls nur […] die Stelle wo Schillers Gestalt mit dem Vaticanischen Apollo verglichen ist.* Caroline hat die von Meyer sanft beanstandete Stelle gestrichen, aber ein Denkmal im klassizistischen Geschmack ist ihr Schiller-Bild dennoch geblieben. *Sie glättete, schliff und polierte das Material, bis keine Ecken und Kanten mehr störten. Das bedeutet, sie zensierte ihre eigenen Erinnerungen, sie redigierte die Mitteilungen anderer, ja, sie manipulierte Quellen und Dokumente so, daß das gewünschte Ergeb-*

nis zustandekam. So Kurscheidt, der das an einer Reihe von Bei-
spielen illustriert hat, bis ins kuriose Detail: Wenn Schiller um
die Besorgung von *2 oder 4 Pfund Maroccoschnupftobak* bittet,
reduziert Caroline diese Menge auf *ein Pfund*.

Möglichst wegretuschiert hat sie aus seinen Briefen auch Schillers doppelte oder geteilte Liebe (also sich selbst), und sich dabei manchmal *so in ihren eigenen Manipulationen verwirrt, daß
ein großes Durcheinander entstand.* Bei ihr ist moralisch korrekt
nur von Schillers Werben um Charlotte die Rede. Dafür gibt sie
sich selbst die Rolle der Primadonna in dieser Liebesgeschichte,
deren harmonische, von keinem Konflikt, keinem unruhigen
Begehren getrübte goldene Zeit jener lange Rudolstädter Sommer des Jahres 1788 ist.

*Als die ältere Tochter, die das Haus seit meiner Verheirathung mit
Herrn von B. führte, leitete ich auch gewöhnlich die Unterhaltung. Selten war es mir so wohl geworden, mich so ganz über Alles
aussprechen zu können. Schiller fühlte immerwährend das Bedürfniß eines Lebens in Ideen, und meine ganze Stimmung begegnete ihm. In der Schweiz durch unvorsichtiges Baden in dem sehr
kalten Genfer-See von einer Nervenkrankheit befallen, glaubte
ich nur auf ein kurzes Leben rechnen zu dürfen. In dieser Stimmung widmete ich mich ganz den Meinigen, und ihre Zufriedenheit zu erhalten und zu mehren, ward mein tägliches Bestreben.
[…] Eine angeborne Heiterkeit des Geistes verließ mich selten.
Mein lebendiges Gefühl durchdrang alle menschlichen Zustände
meines Kreises; ich konnte kein Wesen leiden sehen, und mit Heiterkeit und Gewandtheit suchte ich alle Verhältnisse zurecht zu
legen. Selten duldete ich eine Mißstimmung lange in meinem
Kreise. Mein eignes verletztes Gefühl lösete sich meist in ein unendliches Mitleiden mit allen menschlichen Schwächen auf. So*

173

erhielt ich gute Laune und Harmonie um mich her; alles Hetero-gene fand ein Medium der Verbindung. Nur Engherzigkeit und langweiliges Haften an den Unbedeutenheiten des täglichen Le-bens wies ich trocken und kalt ab, und ein unversöhnlicher Haß gegen die Plattheit erhielt immer das geistige Interesse vorherr-schend. Die Personen, die, außer Schiller, meine nächste Umge-bung ausmachten, förderten diese Neigung.

Unter ihnen Charlotte, deren Glück – so Caroline – *meine herz-lichste Sorge, ja meine einzige Lebenshoffnung* war, *da ich mich in einer Stimmung befand, die mich mein eignes ganz aufgeben hieß.* Das Porträt, das sie von ihr zeichnet, hat es in sich:
Meine Schwester konnte wohl in jedem Sinne eine wünschens-werthe Verbindung für Schiller sein. Sie hatte eine sehr anmut-hige Gestalt und Gesichtsbildung. Der Ausdruck reinster Herzens-güte belebte ihre Züge, und ihr Auge blitzte nur Wahrheit und Unschuld. Sinnig und empfänglich für alles Gute und Schöne im Leben und in der Kunst, hatte ihr ganzes Wesen eine schöne Har-monie. Mäßig, aber treu und anhaltend in ihren Neigungen, schien sie geschaffen, das reinste Glück zu genießen.

Im Stadtarchiv Dresden fand Kurscheidt ein Tagebuchblatt, auf dem Caroline von Wolzogen drei Träume aufgezeichnet hat. In zweien davon kommt Schiller vor.

Wenige Tage nach seinen [Schillers] Tod träumte ich mit solcher Klarheit daß es mir als Erscheinung dünckte, daß Schiller in mein Schlafzimmer kam, die beiden Hände auf meine Brust legte u – Patroklus! zu mir sagte.

Wenige Nächte vor Schillers Tod, träumte ich daß ich eine lange Perlenschnur in der einen Hand hielt, u. eine Perle nach der An-

*deren fiel in die Andre hohle Hand, so daß ich es noch im Wachen
fühlte.*

Der erste Traum scheint nicht schwer zu deuten. Patroklus ist
in der »Ilias« der Gefährte des strahlenden Helden Achill, so
wie sich Caroline in ihrer Schillerbiographie gleichsam als gei-
stiger Gefährte – und als Lenker Schillers entworfen hat, eben
die Aufgabe, die auch Patroklus zufiel:

> *Lieber Sohn, an Geburt ist zwar erhabner Achilleus,*
> *Älter dafür bist du, doch ihm ward größere Stärke;*
> *Aber du hilf ihm getreulich mit Rat und kluger Erinnrung*
> *Und sei Lenker dem Freund, er folgt dir gerne zum Guten.*

Im März 1834 notierte sie: *In meiner frühesten und treusten
Liebe war immer etwas töchterliches – später wurden meine andern Neigungen mütterlich – ich wollte seine Lebensreise geistige
Bildung gestalten zum schönen Resultat einer vollkomnen Männlichkeit.*

Und der Perlentraum? Kurscheidt hat ihn sich und uns so erklärt:
*Die Schnur in Carolines Traum ist gebrochen, der Zusammen-
hang löst sich auf; die Perlen drohen auf den Boden zu fallen und
verlorenzugehen. Die Träumende aber fängt sie mit der Hand auf
und rettet sie damit vor dem Verlust. In ihrer Schiller-Biographie,
wenn man so will, träumt Caroline ihren Perlen-Traum ein zweites Mal und geht zugleich einen Schritt über ihn hinaus. In ihrer
idealisierenden Darstellung von Schillers Leben geht es nicht nur
darum, einzelne Perlen vor dem Verlust zu bewahren, sondern
auch darum, diese wiederum zu einer wunderschönen, kostbaren
Kette zusammenzufügen – Perlen, deren Schönheit und Vollkom-*

menheit nicht jedermann, sondern Caroline allein zugänglich waren –, einer Kette, die sie verband mit dem leicht Vergänglichen, der Jugend, dem Glück und der Liebe. Als Schiller starb, empfand Caroline dies als das Ende einer Epoche ihrer eigenen Biographie. Am Schluß ihres Perlen-Traums heißt es: »Der Tod Schillers war das erste tiefe Unglück in meinen Leben, u. seitdem brach eine Verkettung unglücklichen Geschicks auf mich ein.«

Ansichten

Es ist lange her. Schillers hundertster Geburtstag am 10. November 1859 wurde in deutschen und Schweizer Landen als patriotisches Fest gefeiert. Es gab Veranstaltungen, Gedenkartikel und Huldigungsgedichte zuhauf. *Heut' ist der Ehrentag der schwäb'schen Mutter, / Die ihre Freude an die Brust gelegt, / nicht ahnend, was der Welt sie weihvoll brachte*, schrieb Gottfried Keller in seinem vielstrophigen »Prolog zur Schillerfeier in Bern«. *Vor hundert Jahren kam ein Schwan gezogen / Vom Geisterland, ein wunderbarer Schwan*, schrieb Georg Herwegh in seinem »Prolog für die Schillerfeier in Zürich«. Friedrich Hebbel nahm (nicht ganz uneigennützig) das Datum zum Anlaß, seinen Landsleuten die Leviten zu lesen, das seine wahren Geisteshelden zu Lebzeiten verkenne und viel zu spät rühme:

> *Und sei, mein Volk, nicht allzu stolz,*
> *Daß Du auch ohne Waage*
> *Den Unterschied von Gold und Holz*
> *Erkennst am Schiller-Tage.*

Fontane würdigte in einem »Toast« den National-Dichter: *Und Schiller kam – und Deutschland war geeinigt*, Emanuel Geibel besang im höchsten Stil den Sänger einer vom Schmutz der Revolutionen gereinigten Freiheit:

> *Wie liebt' er sie! Doch nicht die trunkne Dirne,*
> *Die zu Paris sich wälzt' in Blut und Kot;*
> *Nein, jene keusche, die mit klarer Stirne*
> *Dem Inquisitor Trutz und Kampf entbot,*
> *Die segnend von kristallner Gletscherfirne*

Aufs Werk des Rütli schaut' im Morgenrot,
Sie, die allein mit unlösbarem Bande
Dem Ganzen uns verknüpft, dem Vaterlande.

In Ballenstedt, dem am Rande des Harz gelegenen Residenzstädtchen des Minifürstentums Anhalt-Bernburg (6200 Untertanen), sah der farbenblinde Hofmaler und Kammerherr Wilhelm von Kügelgen verstimmt auf den ganzen Trubel:
Jetzt geht plötzlich eine Begeisterung für Schiller durch alle deut-
sche Gauen, wie ich etwas ähnliches noch nie erlebt habe. Aller
Orten soll sein 100jähriger Geburtstag mit einer Pracht gefeiert
werden, gegen welche das Fest der heiligen Rosalie in Palermo nur
ein Werkeltag ist. Ist das etwa Verständniß und wahre Liebe des
großen Dichters? Durchaus nicht; sondern weil Schiller der Vater
der liberalen Phrase ist, weil er den Marquis Posa sagen lässt:
»Majestät geben Sie Gedankenfreiheit.« Daher der ganze Jubel.
Das ganze Fest hat einen rein politischen Character. Und sind
denn wirklich die Gedanken so unterdrückt? Gedankenfreiheit
hat stattgefunden so lange die Welt steht.

Kügelgen mochte den Liberalismus seiner Zeit nicht, und er
mochte Schiller nicht. In einigen der wundersamen Briefe, die
er dem Bruder Gerhard Jahrzehnte lang ins ferne Estland
schrieb, hat er sich auf seine eigensinnige Weise an ihm gerie-
ben. So im Januar 1847, nachdem ihm die für ihren geisteskran-
ken Ehemann regierende Herzogin von Anhalt-Bernburg Carl
Hoffmeisters Schillerbiographie schickte, die zu lesen Kügelgen nicht die geringste Lust hatte (*Nun bin ich ganz unglücklich,*
denn abgesehen davon, daß ich Schiller gar nicht leiden kann,
habe ich schon seine Biographie von der Wolzogen gelesen), die er
dann aber doch viel besser fand, als er erwartet hatte:

Es ist die erste gute Characterschilderung, die ich von Schiller lese,
sehr männlich gezeichnet mit Licht und Schatten und dabei eine
genaue genetische Geschichte seiner Werke. Schiller hat einen un-
angenehmen Charakter gehabt, ähnlich dem des Tasso in Göthens
Tasso, schwach, trotzig, unstät, eifersüchtig, etwas lügnerisch, ver-
liebt und immerfort enthusiastisch, hochmüthig und hochfah-
rend wo im mindesten der Druck von außen aufhört, unordent-
lich, unmäßig, scharf und beißig. Einerlei wie ich selbst bin, aber
diese Art von Leuten ist mir unbedingt unangenehm. Vor Gott
sind wir Alle Sünder, der Hund wie die Katze, das Schwein wie
der Bär, die Laus wie das Pferd, der Affe wie das Huhn; aber das
abgerechnet, so haben wir untereinander unsere Sympathien,
nach denen wir uns angezogen fühlen, wie unsere Antipathien
und nur die Laus liebt Alle und hängt sich Allen an. Schiller ist
mir zuwider, er ist unächt, unwahr in seinen Gefühlen, ein ge-
machter Dichter, ein Heuchler und Edelthuer, ein Verstandes-
mensch. Wenn Verstandesmenschen dabei Enthusiasten sind, so
belasten sie die Gesellschaft.
Doch dann, nachdem er Shakespeare und Goethe gegen diesen
Popanz aufgeboten und hat siegen lassen, fügt Kügelgen hinzu:
Dennoch ist Schiller ein sehr großer Dichter und Heros in seiner
Art, nur daß ich's ihm nicht danke.

Kügelgens Schiller, der ein Genie, im übrigen aber ein Mensch
mit vielen Fehlern und Schwächen war, ist uns heute sehr viel
näher und sympathischer als die Marmorbüste Danneckers,
die das deutsche Bürgertum im 19. Jahrhundert als Heiligen
verehrte. *Nichts an dir war scheel und niedrig / Teurer Schiller,*
edler Friedrich, spottete Alfred Kerr 1909, als man Schillers 150.
Geburtstag feierte, in einer respektvollen Glosse. Der *Verstan-*
desmensch, der sich sein Werk hart erarbeiten mußte und selbst
immer sein schärfster Kritiker war, ist unser Zeitgenosse. Und

was die *liberalen Phrasen* Schillers angeht: Im »Dritten Reich« haben sie ihre Sprengkraft erwiesen. *Sie sind natürlich zu jung, um erlebt zu haben, was uns Schiller während der Nazizeit bedeutete,* schrieb mir 2003 Robert Schopflocher, ein aus Fürth gebürtiger Schriftsteller jüdischer Herkunft, der in den dreißiger Jahren nach Argentinien emigrierte. *Ich beziehe mich noch nicht einmal auf das bekannte »Sire, geben Sie Gedankenfreiheit« aus dem Don Carlos und den hervorgerufenen Applaus im Theater, sondern überhaupt auf seine Auflehnung gegen den Zwang aller Art. Und daß unsereiner (vergessen Sie nicht, ich bin Jahrgang 1923) Gedichte auswendig lernen mußte und heute noch Teile der Bürgschaft, des Tauchers oder des Handschuhs auswendig aufsagen kann, habe ich nicht bereut.*

Das mit dem Auswendiglernen erinnerte mich an ein Erlebnis am Rande einer Caroline von Wolzogen gewidmeten Tagung, die 1997 (aus Anlaß ihres 150. Todestages) in Rudolstadt stattgefunden hatte, dem Ort ihrer Kindheit und Jugend, wo Schiller sich in sie und Charlotte verliebt hatte. Zum Rahmenprogramm gehörte eine Kaffeeeinladung bei Frauen der evangelischen Gemeinde, bei der ein Rezitator auftrat und mit gläubiger Ernsthaftigkeit das ganze lange, so oft verspottete »Lied von der Glocke« vortrug, das angeblich auf Schillers Besuch in einer Rudolstädter Glockengießerei zurückgeht. Es war kurios und stimmte doch auch wehmütig. Wir, die wir da saßen, thüringischen Streuselkuchen aßen und dem hohen Lied der bürgerlichen Familie zuhörten, waren vermutlich die letzten Generationen, für die Gedichte wie die »Glocke«, Balladen wie »Bürgschaft«, »Handschuh« und »Taucher« gemeinsames Bildungsgut bedeuteten. Die heutigen Schulen können oder wollen es nicht mehr vermitteln, und es scheint nichts zu geben, was an seine Stelle treten könnte. Vielleicht liegt ebendarin aber

auch die Chance zu neuen, von der Last der Wirkungsgeschichte und Moral befreiten Ansichten auf Schiller.

Von seiner »Doppelliebe« hatte Robert Schopflocher nie etwas
gehört, obwohl sie in ihrer Jugend mit Schiller geradezu gefüt-
tert worden seien: *Vermutlich in der Bearbeitung für die reifere
Jugend, und da fielen – damals jedenfalls – Dreiecksgeschichten
glatt unter den Tisch. Gerade noch Goethes Affairen, die ja nicht
zu verheimlichen sind.*

Die gewagte Beziehung zu den Schwestern von Lengefeld hat
Schillers Biographen schwer zu schaffen gemacht, und es ist er-
heiternd, manchmal auch ärgerlich zu sehen, wie sie mit die-
sem *moralischen Problem* und *psychologischen Rätsel* umge-
gangen sind, wenn sie es nicht einfach wegretuschierten wie
Caroline oder schlicht negierten wie Fritz Kühnlenz: *Von einer
»Doppelliebe« oder »Doppelbrautschaft«, einem »Zwiespalt in
Schillers Seele« oder einer »Absicht, mit beiden Schwestern vereinigt zu leben« – alle diese Theorien sind von phantasiebegabten
Biographen aufgestellt worden – kann gar keine Rede sein.* Die
folgenden Beispiele sind beliebig und in ihrem Bemühen, den
Dichter des Ideals vom Vorwurf der Unmoral zu exkulpieren,
symptomatisch. Das *eigentümlich empfindsame Dreierverhält-
nis* setzt nach Benno von Wiese *das seelische Klima des 18. Jahrhunderts voraus, das zwischen Freundschaft und Liebe keine
klare Grenzlinie kennt.* Ob denn dieses Verhältnis wirklich moralisch bedenklich gewesen sei, fragt Ernst Müller, rhetorisch
natürlich: *Das ist eben das Große an dieser Doppelliebe Schillers,
daß sie von einem hohen sittlichen Geist erfüllt war.* Doppelliebe? Eine veraltete, popularisierende Einschätzung, meint Peter Boerner in einem neueren Lexikonartikel. *Moderne Biographen erkennen […] in den überlieferten Zeugnissen eine schon*

früh ausgesprochene Neigung Schillers für Lotte u. sehen ihn so in
seiner Wahl zwischen den beiden Schwestern viel entschiedener.

Nun kann man einwenden, daß Caroline verheiratet war, als
Schiller die Schwestern kennenlernte, es für ihn jedenfalls
zunächst nicht viel zu wählen gab und ihm dann der Traum
vom gemeinsamen Leben die Wahl ersparte. Jedenfalls aber
hatte er die richtige Frau bekommen, wie er selbst schon bald
befriedigt feststellte. Das fanden auch seine Biographen. Beim
Schwesternvergleich gewann Charlotte fast stets um Längen.
Eine nach Geist und Charakter trefflich veranlagte, in sich ge-
schlossene, harmonische Natur nennt sie Hermann Mosapp, der
bedauernd feststellt: *Nicht eben dasselbe kann von ihrer Schwe-*
ster Karoline gesagt werden. […] Ist ein Vergleich aus der Natur
erlaubt, so möchten wir Karoline dem bunten Falter vergleichen,
der leichtbeschwingt von Blume zu Blume hüpft, bald da, bald
dort verweilt, wo's ihm gefällt, bald fröhlich flattert, bald in sich
geduckt in einem Blütenkelche sitzt; Charlotte dagegen der ern-
steren Honigbiene, die zielbewußt ihrem Berufe lebt, wohl auch
fröhlich sich tummelt über des Schöpfers farbenprächtigen Ge-
bilden, aber immer den ernsten Zweck vor Augen hat, süßen Ge-
winn aus ihnen zu ziehen.

Im Frühjahr 2004, als ich an dieser Dreiecksgeschichte schrieb,
fuhr ich noch einmal nach Rudolstadt. Unterwegs stieg ich auf
die Burg Gleichen, wo in einem Turm Drucke nach romanti-
schen Bildern des Grafen mit seinen beiden Ehefrauen ausge-
stellt sind. Ich übernachtete im Gasthof »Adler«, in dessen Hof
einst der Prinz Ludwig Friedrich mit seiner Familie *sehr sehens-*
würdige Thiere betrachtet hatte. Abends las ich in Li von Da-
cherödens Briefen an die Freundinnen. Sie beschwören eine
schwärmerisch-erotische Welt »junger Mädchenblüte«, in der

man sich nicht nur für gute Bücher interessierte, sondern auch für Kleider und die neue Frisurmode im griechischen Stil, à la Niobé; wo man flirtete, Komplimente austauschte, tuschelte, kicherte, klatschte, sich mokierte, über den Rudolstädter Kanzler von Ketelhodt zum Beispiel, der bei ihnen nur der *Spanische Molch* hieß; eine Welt, wo die Männer ein unerschöpfliches Gesprächsthema waren und man im Wechselbad der Gefühle zwischen »himmelhoch jauchzend« und »zu Tode betrübt« lebte, schließlich ging es in diesen Jahren ja um ihre Zukunft, ihr Lebensglück. Ich besuchte Charlottes Kindheitshaus und das Lengefeld-Beulwitzsche Zwillingshaus mit der »Erinnerungsstätte des Schillervereins«, die von Mai bis Oktober dreimal in der Woche von 14 bis 16 Uhr geöffnet ist. Lief an der Saale entlang und nach Volkstedt, besichtigte die Stadtkirche und stieg zur Heidecksburg hoch, die nicht mehr weiß ist, sondern schmutzig beige wirkt und dringend renoviert werden müßte.

Im thüringischen Staatsarchiv, das dort untergebracht ist, bestellte ich das Tagebuch des Prinzen und einige Jahrgänge des Rudolstädter »Wochenblatts«. Unter der Rubrik *Fremde, die sich theils hier aufgehalten, auch nur durchgereiset sind*, stand (in der Nummer vom 11. Dezember 1787) *Herr Doctor Schiller, aus Meinungen*, gleich darunter die Lebensweisheit *Es ist nicht genug, liebenswürdige Menschen zu kennen und zu bewundern, sondern es ist auch Pflicht, ihnen ähnlich zu werden.* In der Ausgabe vom 27. Mai 1788 war er als *Herr Rath Schüler, aus Weimar* verzeichnet, und am 22. September 1789 als *Herr Professor Schüler, aus Jena.* Ich schrieb eine aufgeregte Rede ab, die der *Spanische Molch,* seine Exzellenz, der Geheime Rat, Kanzler, Konsistorial- und Kammerpräsident, Herr Carl Gerd von Ketelhodt am 20. Oktober im Rudolstädter Rathaus gehalten hatte. Die Welt war aus den Fugen. *Wenden wir unsern Blick*

Charlotte von Lengefeld (links) und Caroline von Wolzogen
(rechts), Silhouetten, um 1784

nach Osten und Norden, so sehen wir blutige Kriege und alle mit
denselben unvermeidlich vereinbarte beschwerliche Folgen für die
Ruhe und das Glück der Menschen, die davon betroffen sind. Se-
hen wir nach dem Westen, so erscheint uns in einem ansehnlich-
sten, blühendsten und mächtigsten Königsreiche die traurigste
Scene von Anarchie, Aufruhr, Blutvergießen und Hungersnoth,
mit allen denen Greueln und Verwüstungen vergesellschaftet, die
ein so schreckliches und schaudervolles Ereigniß nur immer her-
vorzubringen im Stande seyn kann; richten wir unsere Augen
nach Süden …

Ich notierte mir auch, daß jemand am Johannistag 1789 einen
Regenschirm in der Kirche stehengelassen hatte und im September ein weißes Schnupftuch mit eingesticktem W verloren
worden war, ganz triviale Begebenheiten, die heute ebenso pas-
sieren wie vor 200 Jahren, aber niemand bietet mehr *ein Fuder*
altes gutes süßes Heu zum Verkauf an. Und fand ein Gedicht,
das als Motto dieser wie jeder historischen Arbeit voranstehen
könnte:

Auf die Silhouetten

Viel Gutes, dessen sich sonst unsre Väter freuten,
Ist nur noch blos ein Schein zu ihrer Kinder Zeiten;
Wenn sie das ganze Bild von ihren Freunden hatten,
Begnügen wir uns mit den Schatten.

Zur Orthographie

Die Briefe und Schriften von Schiller und seinen Zeitgenossen werden in diesem Buch getreu den benutzten handschriftlichen und gedruckten Quellen in der historischen Orthographie zitiert, sind also nicht »behutsam modernisiert«. Wonach sollte man auch modernisieren? Nach einer neuen Rechtschreibung, die sich beständig ändert und von vielen Menschen, einer großen Zeitung wie der FAZ und renommierten Verlagen immer noch boykottiert wird? Nach der alten, die an unseren Schulen nicht mehr gelehrt werden darf? Sollten die nach ihren Regeln verfaßten oder bearbeiteten Texte nun auch modernisiert werden?

Es ist nicht die abweichende Orthographie, die den Zugang zu Texten aus dem 18. und 19. Jahrhundert erschwert, sondern die Semantik, die mit einer vergangenen, uns fremd gewordenen Lebenswelt unlösbar verwoben ist. Ob ich »thun« oder »tun« schreibe, ist für das Verständnis des Wortes gleichgültig, es zeigt nur, daß man in früheren Zeiten das im Anlaut aspirierte »t« lautlich korrekt wiedergeben wollte, nach dem Motto »schreibe, wie du sprichst«. Aber wie schwierig ist es, mit einem Wort wie »Tugend« zurechtzukommen!

Wenn ich von Orthographie im Singular gesprochen habe, so ist das natürlich eine abstrahierende Verkürzung, denn auch damals schon hatte jeder letztlich seine eigene Orthographie, im Rahmen bestimmter, durch den Gebrauch sanktionierter Normen, um deren Fixierung zu Regeln man sich Ende des 18. Jahrhunderts vielfach bemühte: Wieland sprach 1783 in seinem »Teutschen Merkur« von einer *Art von Orthographischer Influ-*

enza. Das lange als gültig angesehene orthographische Standardwerk, also gewissermaßen der Duden vor dem Duden und von ihm gar nicht so verschieden, ist die 1788 erschienene, auf einigen früheren Veröffentlichungen gründende »Vollständige Anweisung zur Deutschen Orthographie« von Johann Christoph Adelung.

Es ist also nicht so, wie manchmal behauptet wird, daß jeder damals schrieb, wie er wollte. Wer zu den Gebildeten zählen wollte, bemühte sich durchaus um eine verbindliche, »vernünftige« Orthographie, nur war der Spielraum dessen, was für richtig und möglich gelten konnte, eben größer als in Zeiten, da Deutsch ein Schulfach geworden war und Rechtschreibung in Diktaten abgeprüft wurde. Schiller schrieb ein bißchen anders als Körner und Körner als Humboldt und Humboldt als Caroline und Caroline als Charlotte, die auch nach den Maßstäben ihrer Zeit am »falschesten« schrieb, aber niemand hätte sie deswegen gescholten und gering von ihren geistigen Fähigkeiten gedacht. *An einer gebildeten Frau ist Unorthographie die Blüte weiblicher Liebenswürdigkeit*, meinte noch Ludwig Börne.

Vielleicht kann uns dieser Befund zu etwas mehr Gelassenheit im aktuellen Glaubensstreit um die alte und neue orthographische Lehre verhelfen. Eine in allen Punkten befriedigende Orthographie des Deutschen wird es schon aufgrund seiner syntaktischen Struktur nie geben, der Ausgleich zwischen historisch überlieferter und phonetisch gebotener Schreibung, zwischen Laut- und Stammprinzip, immer nur ein Kompromiß sein können. Warum sollten wir nicht – wie Schiller und seine Zeitgenossen – ganz gut mit Orthographievarianten leben können?

Quellen- und Literaturnachweise

Die folgenden Siglen werden verwendet:

GS = *Caroline von Wolzogen: Gesammelte Schriften. Hrsg. von Peter Boerner. Hildesheim, Zürich, New York 1988-1999. Bd. 1. Agnes von Lilien. Bd. 2. Schillers Leben. Bd. 3 Literarischer Nachlaß. Bd. 4. Erzählungen I. Bd. 5. Erzählungen II. Bd. 6 Cordelia.*

GSA = *Goethe- und Schiller-Archiv, Weimar.*

HUMBOLDT = *Die Brautbriefe Wilhelms und Karolinens von Humboldt. Hrsg. von Albert Leitzmann. Leipzig 1920.*

NA = *Schillers Werke. Nationalausgabe. Bd. 1 ff. Weimar 1943 ff.*

PETERSEN = *Schillers Persönlichkeit. Urtheile der Zeitgenossen und Documente gesammelt von Max Hecker und Julius Petersen. 3 Bände in einem Band. Hildesheim, New York 1976 (Nachdruck der Ausgabe von 1904-1909).*

SCHILLER = Schiller. Bilder und Texte zu seinem Leben. Hrsg. von Axel Gellhaus und Norbert Oellers. Unter Mitarbeit von Georg Kurscheidt und Ursula Naumann mit einem Beitrag von Roswitha Klaiber. In Verbindung mit der Deutschen Schillergesellschaft. Photographie und Gestaltung von Rudolf Straub. Köln, Weimar, Wien 1999.

SNM (Cotta) = *Schiller-Nationalmuseum Marbach, Cotta-Archiv.*

ST = Thüringisches Staatsarchiv Rudolstadt.

URLICHS = *Charlotte von Schiller und ihre Freunde. Hrsg. von Ludwig Urlichs. Bd. 1. Stuttgart 1860. Bd. 2. Stuttgart 1862.*

Die Briefe von und an Schiller und seine Schriften werden zitiert nach der Schiller-Nationalausgabe (NA).

Graf von Gleichen

J. K. August von Musäus: *Volksmärchen der Deutschen. München 1961.*

Abschied von gestern

Robert Walser: *Dichteten diese Dichter richtig? Eine poetische Literaturgeschichte.* Hrsg. von Bernhard Echte. Frankfurt am Main 2002 (insel taschenbuch 2789).

Don Karlos

Jakob Friedrich Abel zitiert in SCHILLER (2. Szene); Mitteilungen über Schillers Bohème-Leben zit. von Norbert Oellers, [Nachwort zu] Friedrich Schiller: *Der Venuswagen. Unveränderter Nachdruck der ersten Auflage von 1781. Stuttgart 1993*; das Verbot des Herzogs *in* PETERSEN; Tagebuchaufzeichnung von Wilhelm von Wolzogen in NA 23; *Charlotte. (Für die Freunde der Verewigten.) Gedenkblätter von Charlotte von Kalb, Hrsg. von Emil Palleske. Stuttgart 1879*; Charlotte von Kalb über ihren Einfluß auf Schiller in NA 42; Hofratsdekret reproduziert in SCHILLER (8. Szene).

Vaterhaus

Briefe und Aufzeichnungen von Carl Christoph von Lengefeld und Briefe an Louise von Lengefeld im GSA; GS 2; URLICHS 1 (Darin: *Erinnerungen aus den Kinderjahren*); GS 2.

Ancien régime

URLICHS 1; GS 2; Aufzeichnungen von Caroline von Beulwitz-Wolzogen im GSA; Paul Schwenke: *Aus Karoline von Wolzogens Nachlaß*. In: *Zeitschrift für Bücherfreunde. Monatshefte für Bibliophilie und verwandte Interessen. 9. Jahrgang 1905/1906. Heft 2/3.*

Hauch der Freiheit

Brief von Louise von Lengefeld im GSA; GS 3; GS 6; GS 2; URLICHS *(Reise nach der Schweiz 1783, Blätter aus dem Tagebuch)*; GS 3; GS 2.

Samenkorn

Robert Walser (siehe **Abschied von gestern**); Stammbuchgedicht von Charlotte von Kalb in NA 2 II A.

Sommer; Nach-Sommer

Tagebuch des Prinzen Ludwig Friedrich im ST.

Winterbriefe

Caroline über den Wechsel vom Reden zum Schreiben in GS 2.

Die schöne Griechin

GS 2.

Befreite Herzen

GS 2; HUMBOLDT; Heinrich Campe: *Proben einiger Versuche von*

deutscher Sprachbereicherung, In: *Braunschweigisches Journal philo-*
sophischen, philologischen, pädagogischen Inhalts. Elftes Stück, 1790;
GS 2.

Alles gemeinschaftlich

Briefe von Karoline von Dacheröden im SNM (Cotta).

Dichterliebe

Der junge Goethe. Neu bearbeitete Ausgabe in fünf Bänden. Hrsg. von
Hanna Fischer-Lamberg. Bd. 5. Berlin, New York 1973; Schiller und
Lotte. 1788-1805. Dritte, den ganzen Briefwechsel umfassende Ausgabe,
bearbeitet von Wilhelm Fielitz. 3 Bde. Stuttgart 1879; Victor Klemperer: *Geschichte der französischen Literatur im 18. Jahrhundert. Bd. 2.*
Halle (Saale) 1966; Goethes Werke. Hrsg. im Auftrage der Großherzo-
gin Sophie von Sachsen. 10. Bd. Weimar 1880.

Zuschauer

Nachlaß Varnhagen in der Biblioteka Jagiellonska, Krakau; HUM-
BOLDT.

Hochzeit

Tagebuchnotiz von Wilhelm von Wolzogen in NA 34 II; Brief an
Charlotte Schiller vom 10. April 1790 in URLICHS 2; Charlotte über
die Hochzeit in URLICHS 1 *(Fragmente über Schiller, Goethe und*
ihre Zeitgenossen); HUMBOLDT; Humboldt an Caroline von Wolzogen (29. Februar 1830) in GS 3.

Schwestern

Zitate über Charlotte von Schiller und Jens Baggesen über Schiller in
PETERSEN; Graß an Charlotte von Schiller (10. August 1805), ebd.;
Caroline Schlegel an Louise Gotter (21. Februar 1798), ebd.; *Schillers*
Sohn Ernst. Ein Psychogramm in Briefen. Hrsg. von Hilde Lermann,
Frankfurt 2002 (insel taschenbuch); Gedicht von Caroline von Wol-
zogen im GSA; Brief an Gustav von Schlabrendorf (8. Oktober 1802)
in: Karl Faehler: *Studien zum Lebensbild eines deutschen Weltbürgers,*
des Grafen Gustav v. Schlabrendorf 1750-1824. München 1909; Brief
Wilhelm von Wolzogen an Christian von Truchseß in GS 3.

Carolines Dreiecksgeschichten

Caroline von Beulwitz an Li von Dacheröden, zit. in *Marbacher*
Schillerbuch 2. Hrsg. von Otto Günttter. Stuttgart und Berlin 1907;

Charlotte von Schiller an Prinzessin Karoline Louise von Sachsen-Weimar (18. Juli 1811) in URLICHS 1; GS 4; GS 1; GS 6.

Arbeit am Denkmal

Charlotte von Schiller an Prinzessin Karoline Louise von Sachsen-Weimar (9. Oktober 1810) in URLICHS 1; Caroline von Wolzogen an Christophine Reinwald, 2. Juni 1830; Johann Heinrich Meyer an Caroline von Wolzogen (18. September 1829) in GS 3; Georg Kurscheidt: »… *Das Leben mehr im Idealen halten. Anmerkungen zu Caroline von Wolzogens Schillerbiographie. In: Caroline von Wolzogen. 1763-1847. Hrsg. von Jochen Golz. Weimar und Marbach am Neckar 1998 (Weimarer Schillerverein, Deutsche Schillergesellschaft)*; dort auch Zitate von Charlotte und Caroline; GS 2; GSA.

Ansichten

Schiller – Zeitgenosse aller Epochen. Dokumente zur Wirkungsgeschichte Schillers in Deutschland. 2 Bde. Herausgegeben, eingeleitet und kommentiert von Norbert Oellers. Frankfurt am Main 1970; München 1976; Wilhelm von Kügelgen: *Bürgerleben. Die Briefe an den Bruder Gerhard 1840-1867. Hrsg. von Walther Killy. München 1990;* Fritz Kühnlenz: *Schiller in Thüringen. Stätten seines Lebens und Wirkens. Rudolstadt 1973.* Benno von Wiese: *Friedrich Schiller. Stuttgart 1959;* Ernst Müller: *Der junge Schiller. Tübingen und Stuttgart 1947; Literatur Lexikon. Autoren und Werke deutscher Sprache. Hrsg. von Walther Killy. Bd. 12. München 1992;* Hermann Mosapp: *Charlotte v. Schiller. Ein Lebens- und Charakterbild. Stuttgart 1905.*

Personenverzeichnis

Abel, Jakob Friedrich (1751-1829), Professor für Philosophie, Moral und Psychologie an der Carlsschule in Stuttgart

Alba, Fernando Alvarez de Toledo, Herzog von (1507-1582), spanischer Feldherr und Politiker

Arnim, Henriette von (1768-1847)

Baggesen, Jens Immanuel (1764-1826), dänischdeutscher Schriftsteller

Beulwitz, Caroline von, geb. von Lengefeld (1763-1847), ab 1794 verheiratet mit Wilhelm von Wolzogen

Beulwitz, Friedrich Wilhelm Ludwig von (1755-1829), Hofrat, Legations- und Konsistorialrat in Rudolstadt, deren erster Mann

Campe, Joachim Heinrich (1746-1818), Pädagoge und Schriftsteller, Hauslehrer von Wilhelm und Alexander von Humboldt

Crusius, Siegfried Lebrecht (1738-1824), Buchhändler und Verleger in Leipzig

Dacheröden, Karoline (Li) von (1766-1829), Tochter des Erfurter Kammerpräsidenten a.D., Karl Friedrich von Dacheröden, seit 1791 verheiratet mit Wilhelm von Humboldt

Dalberg, Carl Theodor Anton Maria Reichsfreiherr von (1744-1817), Statthalter in Erfurt, Koadjutor von Mainz

Dannecker, Johann Heinrich von (1758-1841), Bildhauer in Stuttgart

Euripides (um 480-406 v. Chr.), griechischer Dramatiker

Gibbon, Edward (1737-1794), englischer Historiker

Göschen, Georg Joachim (1752-1828), Verleger in Leipzig

Goethe, Johann Wolfgang von (1749-1832)

Graß, Karl Gotthard (1767-1814), Maler

Haller, Albrecht von (1708-1777), Arzt und Schriftsteller

Heinse, Wilhelm (1746-1803), Schriftsteller und Bibliothekar

Herder, Johann Gottfried (1744-1803), Schriftsteller, Generalsuperintendent und Geheimer Kirchenrat in Weimar

Heron, Henry, schottischer Offizier

Herz, Henriette, geb. De Lemos (1764-1847)

Homer (um 800 v. Chr.)

Huber, Ludwig Ferdinand (1764-1804), Schriftsteller, seit 1788 sächsischer Legationssekretär in Mainz

Humboldt, Wilhelm Freiherr von (1767-1835)

Imhoff, Luise von, geb. von Schardt (1750-1803), Schwester Charlotte von Steins

Jean Paul (Johann Paul Friedrich Richter) (1763-1825)

Kalb, Charlotte von, geb. Marschalk von Ostheim (1761-1843)

Kalb, Heinrich von (1752-1806), Hauptmann in französischen Diensten, deren Mann

Kalb, Friedrich (Fritz) von (1784-1852), deren Sohn

Kalb, Johann August Alexander von (1747-1814), ehemaliger Kammerpräsident in Weimar

Kalb, Eleonore von, geb. Marschalk von Ostheim (1764-1831), dessen Frau

Ketelhodt, Carl Gerd von (1738-1814), Geheimer Rat und Kanzler in Rudolstadt

Knebel, Karl Ludwig von (1744-1835), Schriftsteller und Übersetzer in Weimar

Kleist, Ewald Christian von (1715-1759), Schriftsteller, preußischer Offizier

Körner, Christian Gottfried (1756-1831), Jurist, Konsistorial- und Appellationsgerichtsrat in Dresden

Körner, Anna Maria (Minna), geb. Stock, dessen Frau (1762-1843)

La Roche, Sophie von, geb. Gutermann (1731-1807), Schriftstellerin

La Roche, Carl Georg von (1766-1839), königlich-preußischer Bergrat

Lengefeld, Carl Christoph von (1715-1775), Oberforstmeister und Kammerrat in Rudolstadt

Lengefeld, Louise von, geb. von Wurmb (1743-1823), dessen Frau, Hofmeisterin in Rudolstadt

Lengefeld, Charlotte von (1766-1826)

Meyer, Johann Heinrich (1760-1832), Direktor der Zeichenschule in Weimar, Kunsthistoriker

Mirabeau, Honoré Gabriel Victor Riquetti, Comte de (1719-1791), französischer Politiker und Publizist

Montesquieu, Charles Louis de Secondat, Baron de (1689-1755), französischer Philosoph und Staatstheoretiker

Moritz, Karl Philipp (1756-1793), Schriftsteller, Gymnasialprofessor in
Berlin

Musäus, Johann Karl August (1735-1787), Gymnasialprofessor und
Schriftsteller in Weimar

Oranien-Nassau, Wilhelm I von (1533-1584), Statthalter der Niederlande

Ossian, von J. Macpherson (1736-1796) erfundener gälischer Dichter

Ovid (Publius Ovidius Naso) (43 v.Chr.-18 n. Chr.), römischer Dichter

Platon (427-347 v. Chr.)

Plutarch(os) (um 46-125), griechischer Historiker

Preußen, Friedrich II. König von (1712-1786)

Reinwald, Wilhelm Friedrich Hermann (1737-1815), Bibliothekar und
Rat in Meiningen

Reinwald, Christophine, geb. Schiller (1757-1847), dessen Frau

Rousseau, Jean-Jacques (1712-1778)

Sachsen-Meiningen, Georg Friedrich Carl, Herzog von (1761-1803)

Sachsen-Weimar-Eisenach, Anna Amalia von, geb. Prinzessin von
Braunschweig-Wolfenbüttel (1739-1807)

Sachsen-Weimar-Eisenach, Carl August, Herzog von (1757-1828)

Sachsen-Weimar-Eisenach, Louise Auguste, Herzogin von, geb. Prinzessin von Hessen-Darmstadt (1757-1830), dessen Frau

Schiller, Johann Caspar (1723-1796), Hauptmann und Intendant der
Hofgärtnerei auf der Solitude

Schiller, Elisabetha Dorothea, geb. Kodweiß (1732-1802), dessen Frau

Schiller, Louise, ab 1799 verh. Franckh (1766-1836), deren erste Tochter

Schiller, Christiane (Nanette) (1777-1796), deren zweite Tochter

Schlegel-Schelling, Caroline, geb. Michaelis, verw. Böhmer (1763-1809)

Schlabrendorf, Gustav Graf von (1750-1824), Schriftsteller in Paris

Schramm, Anna Sophie Auguste (1736-1818) und

Schramm, Christine Charlotte Friederike (1744-1826), Schillers Haus-
wirtinnen in Jena

Schwan, Christian Friedrich (1733-1815), Verlagsbuchhändler und Lexi-
kograph in Mannheim

Schwan, Margaretha (1767-1796), dessen Tochter

Schwarzburg, Katharina Gräfin von (1509-1567)

Schwarzburg-Rudolstadt, Ludwig Günther II. Fürst von (1708-1790)

Schwarzburg-Rudolstadt, Friedrich Carl (1736-1793), Erbprinz von

Schwarzburg-Rudolstadt, Ludwig Friedrich Prinz von (1767-1807)

Stein, Charlotte von, geb. von Schardt (1742-1827)

Stock, Johanna Dorothea (Dora) (1762-1843), Malerin in Dresden

Unbehaun, Johann Heinrich (1740-1803), Lehrer und Kantor in Volkstedt

Vischer, Louise Dorothea (1751-1816), Hauptmannswitwe in Stuttgart

Voltaire (eigentl. François Marie Arouet) (1694-1778)

Wieland, Christoph Martin (1733-1813), Schriftsteller in Weimar

Wieland, Anna Dorothea geb. von Hillenbrandt (1746-1801)

Wieland, Maria Carolina Friedrica (1770-1851), deren zweite Tochter

Wolzogen, Henriette Freiin von, geb. Marschalk von Ostheim (1745-
1788)

Wolzogen, Charlotte von (1766-1794), deren Tochter

Wolzogen, Wilhelm von (1762-1809), deren Sohn, Carlsschüler, Leutnant und Hofarchitekt in Stuttgart, Kammerrat in Weimar

Wolzogen, Adolf von (1795?-1825), Sohn von Caroline von Wolzogen

Württemberg, Carl Eugen, Herzog von (1728-1793)

Bildnachweis

Friedrich Schiller
im Insel und im Suhrkamp Verlag
Eine Auswahl

Maria Stuart. Text und Kommentar. Kommentar: Wilhelm Große. SBB 53. 220 Seiten

Kabale und Liebe. Text und Kommentar. Kommentar von Wilhelm Große. SBB 10. 190 Seiten

Die Räuber. Ein Schauspiel. Faksimile. 222 Seiten. Leder

Sämtliche Balladen und Romanzen in zeitlicher Folge. Herausgegeben von Karl Eibl. it 1275. 197 Seiten

Sämtliche Erzählungen. Mit einer Einleitung von Emil Staiger und Erläuterungen von Manfred Hoppe. it 3080. 256 Seiten

Sämtliche Gedichte. Herausgegeben von Jochen Golz. Leinen und it 2547. 606 Seiten

Sämtliche Gedichte und Balladen. Großformat. 608 Seiten. Leinen

Schiller für Gestreßte. Gedanken und Verse aus seinem Werk. Ausgewählt von Ursula Michels-Wenz. it 3074. 160 Seiten

Schiller für Kinder. »und mich – mich ruft das Flügeltier«. Ausgewählt von Peter Härtling. Illustriert von Hans Traxler. 96 Seiten. Gebunden

Schillers Selbstcharakteristik. Nach einem älteren Vorbilde neu herausgegeben von Hugo von Hofmannsthal. Mit einem Nachwort von Joachim Seng. it 3073. 208 Seiten

»Schöne Welt, wo bist du?« Gedichte. Auswahl und Nachwort von Thomas Rosenlöcher. it 3076. 150 Seiten

Universalhistorische Schriften. Herausgegeben von Otto Dann. it 2548. 211 Seiten

Wallenstein. Ein dramatisches Gedicht. Wallensteins Lager – Die Piccolomini – Wallensteins Tod. Herausgegeben von Herbert Kraft. Mit einem Nachwort von Oskar Seidlin. it 752. 325 Seiten

Wilhelm Tell. Text und Kommentar. Kommentar von Wilhelm Große. SBB 30. 208 Seiten

Der Briefwechsel zwischen Schiller und Goethe. Herausgegeben von Emil Staiger. 1074 Seiten. Leinen
- Revidierte Ausgabe von Christoph Michel. Mit zahlreichen Abbildungen. it 3125. 1125 Seiten

Zu Friedrich Schiller

Friedrich Schiller. 1759-1805. Insel Almanach auf das Jahr 2005. Herausgegeben von Hans-Joachim Simm. 304 Seiten. Kartoniert

Friedrich Schiller. Zur Modernität eines Klassikers. Von Norbert Oellers. Herausgegeben von Michael Hofmann. 383 Seiten. Leinen

Das Leben des Friedrich Schiller. Eine Wanderung. Mit einem Frontispiz. Von Sigrid Damm. 512 Seiten. Gebunden

Schiller, Lotte und Line. Eine klassische Dreiecksgeschichte. Von Ursula Naumann. Mit zahlreichen Abbildungen. it 3079. 208 Seiten

Schillers Sohn Ernst. Ein Psychogramm in Briefen. Herausgegeben und mit einem Nachwort versehen von Hilde Lermann. it 2788. 280 Seiten

Versuche über Schiller. Von Hans Mayer. BS 945. 181 Seiten

Sigrid Damm

Das Leben des Friedrich Schiller

Eine Wanderung
Mit einem Frontispiz
512 Seiten. Gebunden

Nach dem überragenden Erfolg von *Christiane und Goethe* legt Sigrid Damm ein weiteres biographisches Porträt vor, ebenfalls ein »Kunstwerk aus Akten«, das ein faszinierendes Lebensbild auf der Basis authentischer Zeugnisse liefert. Nicht Friedrich Schillers Werke sind der Gegenstand dieses Buches, sondern die Umstände und die Bedingungen ihrer Entstehung, der Alltag eines Schriftstellers, Gelehrten und Theatermannes. Schiller selbst kommt zu Wort – als Autor, als Liebhaber, Ehemann und Vater von vier Kindern, als Sohn und Freund, als *der* Weggefährte Goethes.

»Sigrid Damms ›Wanderung‹ ist das schlichteste und zugleich kunstvollste Buch über Schiller seit langem, eine Studie von wunderbarer Intensität, leicht, fesselnd, eindringlich und gerecht.« *Klaus Bellin, Neues Deutschland*

»… ein ungewöhnlich unterhaltsames Buch. Selbst Schiller-Kenner erfahren hier viel Neues.« *Marcel Reich-Ranicki*

Der Kanon
Die deutsche Literatur
Dramen

Herausgegeben von Marcel Reich-Ranicki
8 Bände und ein Begleitband im Schuber
4500 Seiten

Dieser Kanon mit 43 Dramen von 23 Autoren ist repräsentativ für die Typenvielfalt und die Geschichte der deutschsprachigen Dramatik, mit Werken, die überdauert haben, die bis heute lesbar geblieben sind.

Die Bände 2 und 3 enthalten die bedeutendsten Bühnenwerke Friedrich Schillers, von dem frühen Sturm-und Drang-Stück *Die Räuber* und dem bürgerlichen Trauerspiel *Kabale und Liebe* über das Drama *Don Karlos*, die Tragödie *Wallenstein*, das Trauerspiel *Maria Stuart* bis zu *Wilhelm Tell*, seinem letzten Schauspiel.

»Das Dramatische war sein Element. Das gilt zunächst und vor allem für seine Bühnenwerke (...), die noch heute gespielt werden, das gilt für seine Balladen, unter denen sich die schönsten in deutscher Sprache finden, das gilt auch für seine historischen Schriften, die nichts von ihrer Leuchtkraft eingebüßt haben.« *Marcel Reich-Ranicki*

Weitere Informationen finden Sie unter www.derkanon.de

Biographien · Leben und Werk
im insel taschenbuch
Eine Auswahl

Dostojewski. Leben und Werk. Von Wolfgang Kasack. Mit Abbildungen. it 2267. 160 Seiten

Elisabeth von Österreich. Tagebuchblätter von Constantin Christomanos. Herausgegeben von Verena von der Heyden-Rynsch. Mit zeitgenössischen Abbildungen. it 1536. 213 Seiten

Elisabeth von Thüringen. Von Reinhold Schneider. Mit einem Geleitwort von Bernhard Vogel. Mit Bildern von Moritz Schwind. it 2118. 136 Seiten

Dietrich Fischer-Dieskau. Eine Biographie. Von Hans A. Neunzig. it 1984. 384 Seiten

Theodor Fontane. Leben und Werk in Texten und Bildern. Herausgegeben von Otto Drude. it 1660. 296 Seiten

Frauen um Goethe:

Christiane und Goethe. Eine Recherche. Von Sigrid Damm. Mit 10 Abbildungen. it 2800. 544 Seiten

Cornelia Goethe. Von Sigrid Damm. it 1452. 260 Seiten

Goethes Mutter. Eine Biographie von Dagmar von Gersdorff. it 2925. 464 Seiten

Ottilie von Goethe. Eine Biographie von Ruth Rahmeyer. it 2875. 400 Seiten

Werthers Lotte. Goethes Liebe für einen Sommer. Die Biographie der Charlotte Kestner. Von Ruth Rahmeyer. it 2272. 270 Seiten

Marie Luise Kaschnitz. Eine Biographie. Von Dagmar von Gersdorff. Mit Abbildungen. it 1887. 364 Seiten

Katharina die Große. Memoiren. Übersetzt von Erich Boehme. Mit einer Einleitung und einem Nachwort von Hedwig Fleischhacker. it 1858. 467 Seiten

Harry Graf Kessler. Eine Biographie. Von Peter Grupp. it 2533. 400 Seiten

Lawrence von Arabien. Leben und Werk. Von Werner Koch. Mit einem Bildteil und Lebensdaten von Michael Schroeder. it 1704. 190 Seiten

Vögel, die verkünden Land. Das Leben des Jakob Michael Reinhold Lenz. Von Sigrid Damm. it 1399. 425 Seiten

Das Ende König Ludwigs II. Von Philipp Fürst zu Eulenburg-Hertefeld. Herausgegeben von Klaus von See. it 2734. 192 Seiten

Die Familie Mendelssohn. 1729-1847. Nach Briefen und Tagebüchern herausgegeben von Sebastian Hensel. Mit einem Nachwort von Konrad Feilchenfeldt. Mit zeitgenössischen Abbildungen. it 1671. 936 Seiten

Yehudi Menuhin. Von Tony Palmer. Übersetzt von Cornelia C. Walter. Mit zahlreichen Abbildungen. it 1989. 266 Seiten

Das Leben Michelangelos. Von Herman Grimm. it 1758. 865 Seiten